Petit Larousse
des Recettes aux Fruits du
Verger

Pour Margot, Tristan et Philippe.

Mille mercis :
à Manuella Chantepie qui m'a, à nouveau, si bien accompagnée,
tout au long de cette belle aventure,
à Christophe Glaudel qui m'a épaulée avec gentillesse et disponibilité,
à Gilles Hirgorom toujours bienveillant,
aux Halles Cambronne et leurs si beaux fruits,
à Christiane Perrochon dont les magnifiques céramiques subliment
toujours les recettes,
à Dominique Kieffer/Rubelli et ses très jolis lins à carreaux,
à Francis Hammond, notre portraitiste émérite,
à toute l'équipe de Larousse, toujours présente, à l'écoute,
et aux bonnes fées qui se sont, encore une fois, penchées sur ce livre.

Recettes, textes et photographies : Valérie Lhomme
Stylisme culinaire : Manuella Chantepie
Photo portrait : Francis Hammond

Direction éditoriale : Véronique de Finance-Cordonnier
Édition : Julie Tallet
Direction artistique : Emmanuel Chaspoul
Mise en page : Black & White
Couverture : Véronique Laporte
Lecture-correction : Chantal Pagès, Madeleine Biaujeaud, et Christine Jost
Fabrication : Annie Botrel

ISBN 978-2-03-584419-4

PETIT LAROUSSE
des RECETTES aux FRUITS du
VERGER

LAROUSSE, ÉDITEUR DE QUALITÉ DEPUIS 1852

LAROUSSE

21 rue du Montparnasse 75283 Paris Cedex 06

Sommaire

À propos des fruits 9

Fruits à pépins

La pomme 13
- Tartes fines aux pommes 14
- Beignets aux pommes 16
- Crumble pommes, poires et noisettes 18
- Gratin de pommes au four en quartiers et crème prise à la cannelle 20
- Pommes au four, beurre salé vanillé et crème anglaise encore plus vanillée 22
- Pommes d'amour au sésame 24
- Velouté de pommes, céleri et graines de pavot 26
- Compote de pommes au girofle et harengs marinés 28

La poire 31
- Poires au sirop de citronnelle et petits financiers poire et pistache 32
- Poires au chocolat et aux noisettes 34
- Confiture de poires au gingembre 36
- Pastilla aux poires et épices marocaines 38
- Saltimboccas aux poires et fromage de brebis 40
- Nems de poires au comté et au carvi 42

Le raisin 45
- Quand les raisins se prennent pour des cerises 46
- Tartelettes aux raisins et aux pommes râpées et crumble de noix de pécan 48
- Salade de lentilles vertes aux raisins frais et canard confit 50

La figue 53
- Figues au four à la crème de cassis 54
- Figues en douillon 56
- Figues gratinées à la poudre d'Amandin 58
- Figues, poires, pancetta, roquette et parmesan en salade 60
- Rôti de porc aux deux figues 62

Le melon 64
- Granité au melon, gingembre et pineau 66
- Classique melon, jambon, parmesan et huile d'olive 68
- Makis de melon au fromage frais et courgettes 70

La pastèque 73
- Jus de pastèque au sirop de framboise. Une autre boisson d'été, pour adultes 74
- Sucré-salé de pastèque aux olives noires, radis et mozzarelle 76
- Pastèque, crabe et avocat 78

Le coing 81
- Gelée de coing à la lavande 82
- Pâte de coing 84
- Tajine de veau aux coings 86

Fruits à noyau

La cerise ... 91
Petites cerises confites pour le ti-punch ... 92
Tarte aux cerises et pistaches vertes ... 94
Clafoutis vanillé aux cerises ... 96
Soupe de cerises à la verveine citron et glace à la verveine citron ... 98
Filet de bar rôti, pommes de terre grenailles et cerises au thym citron ... 100

La pêche ... 103
Pêches pochées au vin moelleux et au romarin ... 104
Pêches rôties et glace au thym ... 106
Vraies pêches Melba ... 108
Brochettes de lotte et coulis de pêches au safran ... 110

L'abricot ... 113
Abricots rôtis à la lavande ... 114
Compote d'abricots secs et frais à l'anis, et chantilly à l'anis ... 116
Confiture d'abricots aux amandons d'abricots ... 118
Semoule au lait, abricots secs et coulis d'abricots frais ... 120
Magrets de canard en brochettes et abricots dorés au miel ... 122

Le brugnon et la nectarine ... 125
Tarte d'Alice aux brugnons ... 126
Trifle aux brugnons et spéculos ... 128
Milk-shake aux nectarines, glace vanille et gingembre ... 130
Tartare de bar et brugnon au basilic ... 132

La prune ... 135
Gâteau manqué aux prunes ... 136
Tarte aux quetsches ... 138
Far aux mirabelles et aux pruneaux ... 140
Chutney de prunes au gingembre ... 142

Fruits rouges et baies

La fraise ... 147
Mille-feuilles aux fraises et fraises des bois ... 148
Croustade aux fraises ... 150
Poêlée de fraises au beurre salé, safran et glace au fromage blanc ... 152
Tiramisu aux fraises et alcool de fraise ... 154
Salade de fraises et tomates ... 156
Saumon cru et fraises rôties au fenouil ... 158

La framboise ... 161
Tarte aux framboises et crème citronnée ... 162
« Gâteau chocoframboise » ... 164
Petits gâteaux au yaourt, framboises et pralines roses ... 166
Sabayon aux framboises ... 168
Bâtonnets glacés framboises et chantilly ... 170

La myrtille ... 173
Tarte aux myrtilles ... 174
Milk-shake myrtilles, coco ... 176
Poulet en gelée aux myrtilles ... 178

La mûre 181
Gratin de mûres au marsala 182
Ma « configelée » de mûres 184
Gâteau de pain perdu aux mûres 186

La groseille 189
Riz au lait d'amande et aux groseilles 190
Tartelettes meringuées aux groseilles 192
Gelée de groseilles aux framboises de ma grand-mère Ayer 194
Foie gras en terrine et groseilles juste poêlées au miel 196

Le cassis 199
Crème de cassis de tante Marie 200
Cake au citron et cassis 202
Gelée de cassis au géranium rosa 204
Omelette aux cassis, poivrons et coriandre 206

Agrumes

L'orange 211
Tarte à l'orange 212
Orangettes au chocolat 214
Filets de canette au miel d'oranger et oranges crues 216

Le pamplemousse 219
Confiture de pamplemousses au miel 220
Petites tartes au pamplemousse 222
Petits pois d'avocat et pamplemousses au miel 224
Carpaccio de saumon au pamplemousse et à l'aneth 226

Le citron et le citron vert 229
Petites crèmes coco-citron vert 230
Mojito. Ti-punch d'Étienne 232
Crèmes brûlées au citron jaune 234
Sablés au citron et au gingembre 236
Citrons confits au sel 238
Daurade au citron vert et vinaigrette aux deux citrons 240

La clémentine et la mandarine 243
Salade de clémentines et mandarines 244
Sorbet à la clémentine et aux zestes d'orange confits 246
Jus de clémentine, pamplemousse, mangue et eau de rose 248

Fruits exotiques

La banane 253
Tartines de bananes au beurre salé et pain brioché. Muffins banane-citron 254
Bananes à la coque 256
Tarte fine bananes, citrons verts 258
Nems de petites bananes au chocolat 260
Bouchées brisées de boudin noir et purée de bananes au quatre-épices 262

L'ananas 265
Ananas rôti à la vanille et aux épices 266
Tatin à l'ananas et au rhum 268

Carpaccio d'ananas et jambon cru aux poivres 270
Rouleaux de printemps à l'ananas, avocat, crevette et menthe fraîche 272

Le kiwi 275
Confiture de kiwis à la vanille 276
Granité kiwi, menthe 278
Kiwis et avocats concassés à la morue pimentée 280

La mangue 283
Mangues grillées au miel et épices pour pain d'épice 284
Smoothie mangue, orange et gingembre 286
Mangue au beurre salé, cassonade et noix de coco grillée en tartelettes express 288
Salade épicée de mangues vertes, huile d'olive et crevettes à l'ail 90

La noix de coco 293
Blanc-manger coco comme aux Antilles 294
Petits rochers à la noix de coco 296
Crème tout caramel, coco 298
Curry de légumes au lait de coco épicé 300

Le litchi 303
Litchis, crème à la rose et biscuits roses de Reims écrasés 304
Langoustines sautées et coulis de litchis au vinaigre 306

Le fruit de la Passion 309
Petites meringues et crème pâtissière aux fruits de la Passion 310
Cheesecake aux fruits de la Passion 312
Yaourts gelés aux fruits de la Passion 314

Et aussi…

La rhubarbe 319
Crumble pommes, rhubarbe et noix de coco 320
Soupe de rhubarbe aux fraises 322
Chutney de rhubarbe aux épices 324

La châtaigne 327
Crème de châtaigne de Colette 328
Cake marrons-coco de Teddy Monceau 330
Méli-mélo de châtaignes et fruits secs 332

Les fruits secs 335
Tartelettes sablées aux noix, pignons et miel 336
Gâteau tiède aux dattes de notre amie australienne Janine Emsley 338
Mendiants aux fruits secs 340
Lait d'amande 342
Baklava aux fruits d'automne, noisettes, pignons et beurre salé 344
Amandes, noisettes, noix de cajou, salées et épicées « maison » 346
Pestos divers et variés 348

Le meilleur des fruits 350
Des paniers de fruits… par abonnement ou sur Internet 351

À propos des fruits

Contrairement aux légumes, un peu austères, étroitement liés à la terre, qui, souvent, nécessitent d'être « transformés » avant d'être dégustés (la pomme de terre, au demeurant délicieuse, n'offrant qu'un intérêt très limité lorsqu'elle est crue...), les fruits, eux, portés vers le ciel, tous plus beaux les uns que les autres, sont consommables dans l'instant, dès lors qu'ils sont à maturité.

Cette première qualité les rend hautement désirables et l'on pourrait se demander s'il est vraiment nécessaire de chercher des mots pour convaincre de succomber au charme ravageur de toutes ces créations de la nature, aux formes, aux couleurs, aux saveurs si bigarrées.

Commençons donc par les goûter « nature », dans leur plus simple appareil, ces abricots fessus, ces framboises délicates, ces mangues onctueuses, ces pêches suaves, ces litchis enivrants, ces melons parfumés. Inutile de leur résister, la séduction est là, qui opère et vous prend au piège du péché de gourmandise.

Ensuite transformons-les au gré de nos fantaisies... Mixons-les, confisons-les, escortons-les de pâtes croquantes, enrobons-les de crèmes légères et parfumées. Laissons-nous aller à tous les délices.

Les saisons auront alors une autre résonance et nous les attendrons avec impatience, comme un cadeau.

Fruits à pépins

La pomme

La pomme, le fruit le plus connu, le plus simple, le plus cuisiné aurait pourtant de quoi crâner tant son nom évoque les transports amoureux, le paradis perdu, le péché, Ève et surtout Adam, Guillaume Tel, Blanche-Neige sans ses sept nains, Cupidon...

Elle garde cependant la tête froide et promène sa jolie bobine rouge, verte, jaune ou bigarrée toute l'année, quelle que soit la saison, comme pour nous rappeler que le péché n'est jamais loin...

On en oublierait presque que la pomme se récolte à l'automne, et que ce n'est pas parce qu'elle est robuste et solide qu'il faut la garder cent sept ans. Qu'elle n'est jamais aussi bonne que volée à un joli pommier et croquée dans l'instant sous le ciel déjà chahuté des premiers jours gris. Et que ça aussi c'est un péché...

Un grand classique toujours délicieux.
Alors pourquoi s'en priver ?

Tartes fines aux pommes

POUR 4 PERSONNES
PRÉPARATION : 15 min
CUISSON : 30 min
REPOS : 30 min

- 4 petites pommes goldens
- 50 g de beurre salé
- 80 g de cassonade

POUR LA PÂTE

- 150 g de beurre salé
- 250 g de farine
- 5 cl d'eau froide
- sel

Préparez la pâte. Coupez 75 g de beurre en petits morceaux. Mélangez-les avec la farine tamisée, le sel et travaillez rapidement la pâte du bout des doigts. Versez ensuite l'eau froide et formez rapidement une boule. Détaillez le beurre restant en copeaux. Étalez la pâte sur 2 cm d'épaisseur et parsemez-la de copeaux de beurre. Repliez-la alors et étalez-la à nouveau. Recommencez une deuxième et une troisième fois puis laissez reposer 30 minutes. En travaillant ainsi la pâte, vous obtenez un faux feuilletage, idéal pour cette recette.

Préchauffez le four à 210 °C (therm. 7).

Pelez, épépinez et coupez en tranches fines les pommes. Partagez la pâte en quatre. Étalez finement les quatre boules de pâte en quatre disques. Disposez les pommes sur chacun des disques de pâte, parsemez des 50 g de beurre et saupoudrez de cassonade. Posez ces tartes fines sur une tôle couverte de papier sulfurisé et enfournez pendant 30 minutes.

Sortez les tartes du four lorsqu'elles sont bien dorées. Servez-les tièdes, nature ou avec une boule de glace au nougat.

> Conseil d'amie
Vous n'avez pas le temps de faire la pâte ? N'ayez aucun complexe, achetez une pâte feuilletée surgelée et surtout… ne le dites à personne. Préférez la pâte feuilletée surgelée à celle sous vide des rayons frais des supermarchés. Elle ne contient en général pas de conservateurs.

À préparer en famille un dimanche de pluie, et à dévorer dans l'instant, car un bon beignet n'attend pas !

Beignets aux pommes

POUR 4 PERSONNES
PRÉPARATION : 15 min
CUISSON : 4 min

- 75 g de beurre
- 250 g de farine
- 50 g de sucre en poudre
- 2 œufs
- 12,5 cl de bière blonde
- 12,5 cl de lait entier pasteurisé
- 4 pommes goldens ou cox's orange
- 1 l d'huile de friture
- 100 g de sucre cristal
- 1 cuill. à soupe de cannelle en poudre

Préparez la pâte à beignets. Faites fondre le beurre. Mélangez la farine avec le sucre en poudre puis versez le mélange dans un saladier et disposez-le en puits. Au centre, cassez les 2 œufs, ajoutez le beurre fondu et refroidi. Incorporez petit à petit la farine puis versez la bière et le lait. La pâte doit être fluide mais un peu plus épaisse qu'une pâte à crêpes.

Pelez les pommes. Ensuite, épépinez-les sans les trancher, en ôtant leur cœur avec un vide-pomme, puis coupez-les en rondelles de 1/2 cm d'épaisseur.

Faites chauffer l'huile de friture à 170 °C. Quand l'huile est chaude, plongez les rondelles de pomme dans la pâte à beignets puis dans le bain de friture. Laissez dorer 4 minutes puis sortez-les avec une écumoire pour les poser sur un plat couvert de papier absorbant.

Mélangez le sucre cristal et la cannelle. Saupoudrez, au fur et à mesure, les beignets de ce mélange. Dégustez-les bien chauds et croustillants.

> Conseil d'amie
Ne cuisez pas trop de beignets en même temps, car cela fait descendre la température du bain de friture. Lorsque l'huile n'est pas assez chaude, les beignets ne sont pas saisis et se gorgent d'huile avant de cuire.

Pour vérifier que le bain de friture est à la bonne température, plongez-y une petite cuillerée à café de pâte. La pâte doit remonter aussitôt à la surface et dorer très rapidement en faisant de petites bulles.

Pour cette recette, n'hésitez pas à choisir des pommes bien acidulées, des reinettes pas trop mûres par exemple, et des poires juteuses et sucrées.

Crumble pommes, poires et noisettes

POUR 4 PERSONNES
PRÉPARATION : 10 min
CUISSON : 30 à 40 min

- 4 pommes
- 2 poires
- 30 g de cassonade
- 1 pincée de girofle moulu
- 1/2 cuill. à café de cannelle en poudre

POUR LA PÂTE À CRUMBLE
- 50 g de farine
- 100 g de cassonade
- 50 g de noisettes en poudre
- 100 g de beurre salé

Pelez, épépinez et coupez en petits morceaux les pommes et les poires. Saupoudrez-les de 30 g de cassonade, épicez-les de girofle moulu et de cannelle. Préchauffez le four à 210 °C (therm. 7).

Préparez la pâte à crumble. Mélangez la farine, la cassonade et la poudre de noisette. Ensuite ajoutez le beurre salé bien froid, coupé en petits morceaux. Mélangez rapidement, puis sablez cette préparation en la frottant entre les mains pour obtenir un sable grossier.

Étalez les fruits dans un plat en verre sur 3 cm d'épaisseur puis recouvrez-les de crumble. Enfournez et laissez cuire de 30 à 40 minutes, jusqu'à ce que la pâte devienne dorée et forme une croûte sablée.

Dégustez ce crumble sans attendre, encore tiède, nature ou accompagné d'une généreuse cuillerée de crème fraîche épaisse.

> Conseil d'amie
La pâte à crumble se congèle très aisément, n'hésitez donc pas à doubler les proportions. Vous pourrez la poser encore congelée sur des fruits et enfourner sans plus attendre.

À dévorer encore tiède ou froid, accompagné de spéculos dignes de ce nom.

Gratin de pommes au four en quartiers et crème prise à la cannelle

POUR 4 PERSONNES
PRÉPARATION : 15 min
CUISSON : 30 min

- 3 pommes Belle de Boskoop
- 3 pommes goldens
- 1 orange non traitée (bio)
- 40 g de cassonade
- 50 g de beurre

POUR LA CRÈME PRISE À LA CANNELLE
- 4 œufs
- 1 cuill. à café de cannelle en poudre
- 60 g de cassonade
- 30 cl de lait entier pasteurisé
- 20 cl de crème liquide

Préchauffez le four à 180 °C (therm. 6).

Pelez, épépinez et coupez en quartiers les 6 pommes. Brossez l'orange sous l'eau courante, prélevez le zeste au couteau Économe et hachez-le très finement. Ensuite, pressez l'orange.

Disposez les pommes dans un petit plat à gratin. Arrosez-les de jus d'orange, saupoudrez-les de 40 g de cassonade et parsemez-les de zeste d'orange. Ajoutez le beurre coupé en petits morceaux et faites cuire pendant 20 minutes au four.

Pendant que les pommes cuisent, préparez la crème prise à la cannelle. Cassez 3 œufs en séparant les blancs des jaunes. Fouettez les 3 jaunes avec le dernier œuf entier, la cannelle et les 60 g de cassonade. Portez le lait et la crème liquide à ébullition puis mélangez-les avec les œufs battus.

Après 20 minutes de cuisson des pommes, baissez la température du four à 150 °C (therm. 5). Sortez les pommes du four, couvrez-les avec la préparation à la cannelle et enfournez-les à nouveau. Laissez au four 10 minutes jusqu'à ce que la crème soit ferme.

Un dessert familial comme on les aime, tout simple et tellement savoureux.

Pommes au four, beurre salé vanillé et crème anglaise encore plus vanillée

POUR 4 PERSONNES
PRÉPARATION : 20 min
CUISSON : 30 min

- 4 belles pommes goldens
- 1/2 citron non traité
- 1 gousse de vanille
- 100 g de beurre salé
- 20 g de sucre en poudre

POUR LA CRÈME ANGLAISE

- 5 jaunes d'œuf
- 80 g de sucre en poudre
- 50 cl de lait entier pasteurisé
- 2 gousses de vanille

Préchauffez le four à 180 °C (therm. 6).

Préparez les pommes au four. Lavez puis ôtez le cœur des pommes en les creusant avec un couteau Économe ou un vide-pomme. Râpez très finement le zeste du 1/2 citron. Fendez et grattez 1 gousse de vanille pour en extraire les graines. Ensuite mélangez ces graines avec le beurre salé, le zeste de citron et 20 g de sucre en poudre. Posez les pommes dans un plat allant au four. Garnissez chaque pomme de beurre sucré, vanillé et citronné et enfournez pendant 30 minutes.

Préparez la crème anglaise. Fouettez les jaunes d'œuf avec les 80 g de sucre jusqu'à ce que le mélange blanchisse. Portez le lait à ébullition avec les 2 gousses de vanille fendues et grattées. Versez-le sur les jaunes d'œuf sucrés puis laissez cuire à feu très doux, sans jamais cesser de remuer le mélange, jusqu'à ce qu'il épaississe et nappe la cuillère. Versez-le dans une jatte et fouettez-le quelques minutes pour qu'il refroidisse. Placez la crème anglaise au réfrigérateur.

Servez les pommes encore tièdes, abondamment nappées de crème anglaise vanillée bien froide.

> Conseils d'amie

Pour être encore meilleure, la crème anglaise a besoin de maturer. Préparez-la donc 2 jours à l'avance et gardez-la au réfrigérateur dans une bouteille avec les gousses de vanille, jusqu'au moment de la servir.

Si vous possédez une sorbetière, versez-y la crème anglaise (sans les gousses de vanille) et turbinez-la. Vous obtiendrez une glace à la vanille.

Lorsque le mélange est trop chaud, les jaunes d'œuf commencent à coaguler et la crème devient grumeleuse. Pour la « rattraper », je la verse sans attendre dans un grand saladier en la filtrant au travers d'un tamis fin puis la fouette vivement pour la refroidir rapidement.

Un souvenir d'enfance, à croquer sans attendre !

Pommes d'amour au sésame

POUR 4 PERSONNES
PRÉPARATION : 10 min
CUISSON : 10 à 20 min

- 4 petites pommes goldens
- 500 g de sucre en poudre
- 100 g de beurre
- colorant alimentaire rouge (facultatif)
- 5 cl d'eau
- 2 cuill. à soupe de graines de sésame

Lavez, séchez et équeutez les pommes. Ensuite enfoncez un bâtonnet de bois à l'emplacement de la queue.

Versez le sucre dans une casserole. Ajoutez le beurre coupé en petits morceaux, le colorant alimentaire et l'eau. Veillez à ce que les bords intérieurs de la casserole soient bien propres. Nettoyez-les, au besoin, avec un pinceau trempé dans l'eau et commencez la cuisson.
Laissez bouillir doucement de 10 à 20 minutes, jusqu'à obtention d'un sirop qui va doucement caraméliser.

Préparez un saladier et un petit bol d'eau froide. Lorsque le caramel vous semble prêt, faites-en couler une goutte dans le bol d'eau froide. Elle doit durcir instantanément. Plongez alors le fond de la casserole dans l'eau froide pour arrêter la cuisson du caramel.

Ajoutez les graines de sésame au caramel puis plongez-y les pommes une par une. Posez-les au fur et à mesure sur un plat couvert de papier sulfurisé et laissez-les refroidir.

> Conseil d'amie
Vous pouvez aussi plonger les pommes dans le caramel puis aussitôt après dans une jatte d'eau très froide pour qu'il durcisse rapidement. Ne tardez pas trop à croquer ces pommes. Suivant l'humidité de l'air, la chaleur ambiante, le caramel perd de son brillant et peut devenir collant.

Profitez d'un peu de douceur sucrée-salée...

Velouté de pommes, céleri et graines de pavot

POUR 4 PERSONNES
PRÉPARATION : 15 min
CUISSON : 20 à 30 min

- 4 pommes acidulées
- 1/2 boule de céleri-rave (environ 600 g)
- 2 pommes de terre à chair farineuse (environ 400 g)
- 1 cube de bouillon de volaille bio instantané
- 10 cl de crème liquide
- 4 cuill. à café d'huile de noisette
- 4 cuill. à café de graines de pavot bleu
- sel et poivre du moulin

Pelez, épépinez et coupez en morceaux les pommes. Lavez, pelez et coupez en morceaux le demi-céleri-rave et les pommes de terre. Préparez le bouillon de volaille instantané avec 75 cl d'eau.

Dans une casserole, mélangez les pommes et les légumes. Salez, poivrez, arrosez de 20 cl de bouillon de volaille et laissez frémir à couvert de 20 à 30 minutes (suivant la grosseur des morceaux de pomme, de céleri et de pomme de terre) jusqu'à ce que fruits et légumes soient tendres. Ensuite mixez-les finement en ajoutant la crème liquide et un peu de bouillon si nécessaire pour obtenir la consistance d'un velouté.

Rectifiez l'assaisonnement et servez dans quatre bols. Ajoutez alors l'huile de noisette et les graines de pavot bleu.

> Conseil d'amie
Pour enrichir ce velouté, ajoutez-y des noix de pétoncles dorées au beurre ainsi que quelques feuilles de cerfeuil ou des jeunes feuilles de céleri branche.

L'association du chaud et du froid et de l'acide et du sucré fait de cette entrée simplissime un préambule raffiné et original.

Compote de pommes au girofle et harengs marinés

POUR 4 PERSONNES
PRÉPARATION : 10 min
CUISSON : 20 min

POUR LA COMPOTE
- 4 pommes Belle de Boskoop
- 1 pomme golden
- 2 cuill. à soupe de cassonade
- 4 clous de girofle
- 1 pincée de quatre-épices
- 5 cl d'eau
- 2 tours de moulin à poivre

POUR LES HARENGS
- 8 harengs marinés (appelés rollmops)
- 20 cl de crème fraîche épaisse
- 4 gros cornichons sucrés

Préparez la compote. Pelez, épépinez et coupez en gros morceaux les pommes. Versez les morceaux de pomme dans une casserole, ajoutez la cassonade, les clous de girofle, le quatre-épices, le poivre, 5 cl d'eau et laissez cuire à feu doux pendant 20 minutes.

Sortez les harengs du vinaigre. Égouttez-les quelques minutes puis servez-les avec la crème épaisse dans son pot, les cornichons sucrés coupés en rondelles et la compote de pommes encore tiède.

> Conseil d'amie
Ne coupez pas les pommes en trop petits morceaux, car la compote ne doit pas être trop homogène.

> Pour s'organiser
Préparez la compote la veille et réchauffez-la doucement au moment de la servir.

La poire

Lorsqu'elle est longue et d'un beau vert bronze, elle se nomme conférence. Lorsqu'elle est fessue, d'un vert mâtiné de rouge, on la dit Doyenné du comice. Lorsque sa robe est d'un séduisant jaune paille, parsemée de petites taches sombres, elle s'appelle beurré hardy. Lorsqu'elle se pare d'un élégant rouge sombre couleur de soie, ou d'un ivoire couleur de beurre, elle prend le joli nom de williams. Lorsque, ronde et très dodue, sa chair juteuse est un peu granuleuse, elle est baptisée passe-crassane…

Autant de noms qui font rêver et résonnent en nous comme autant de plaisirs sensuels. Car le fondant, le juteux, la délicatesse d'une poire aux formes provocantes n'ont d'égal que sa suavité. Et il serait bien dommage de se priver du plaisir simplissime, mais ô combien réjouissant, d'un quartier de poire fondant sur la langue.

Pour cette recette, choisissez des poires mûres, mais encore un peu fermes, sans taches et bien lisses. Si vous ne trouvez pas de comices, remplacez-les par des williams.

Poires au sirop de citronnelle et petits financiers poire et pistache

POUR 4 PERSONNES
PRÉPARATION : 20 min
CUISSON : 30 min

POUR LES POIRES AU SIROP
- 4 bâtons de citronnelle
- 75 cl d'eau
- 300 g de cassonade
- le jus de 2 citrons
- 1 anis étoilé
- 4 belles poires Doyenné du comice

POUR LES FINANCIERS
- 125 g de pistaches vertes non salées
- 25 g de farine
- 20 g de miel
- 125 g de sucre en poudre
- 4 blancs d'œuf
- 80 g de beurre
- 1 poire Doyenné du comice
- 1 pincée de sel

Préparez les poires au sirop. Enlevez la première enveloppe des bâtons de citronnelle puis hachez grossièrement la partie plus tendre. Portez l'eau et la cassonade à ébullition avec cette citronnelle hachée et laissez frémir 15 minutes. Ensuite filtrez le sirop et portez-le à nouveau à frémissement avec le jus de 1 citron et 1 anis étoilé. Ôtez le cœur des poires, avec un vide-pomme ou un couteau Économe. Gardez les queues, puis pelez les poires en les arrosant au fur et à mesure du jus du deuxième citron. Ensuite plongez-les délicatement dans le sirop frémissant, couvrez d'un linge propre et laissez-les cuire à feu doux de 10 à 15 minutes suivant leur degré de maturité. Laissez-les ensuite refroidir dans le sirop parfumé.

Préparez les financiers. Préchauffez le four à 180 °C (therm. 6). Hachez très finement les pistaches puis mélangez-les avec la farine, le miel, le sucre et une pincée de sel. Battez légèrement les blancs d'œuf à la fourchette. Incorporez-les rapidement à la préparation précédente. Faites fondre le beurre jusqu'à ce qu'il chante et devienne légèrement doré, et mélangez-le à la pâte. Pelez la poire et coupez-la en fins quartiers. Garnissez les moules à financier de pâte aux 2/3 puis posez des lamelles de poire par-dessus. Enfournez et laissez cuire pendant 15 minutes, jusqu'à ce que les financiers soient gonflés et dorés. Ensuite démoulez-les délicatement et laissez-les refroidir sur une grille.

Servez les poires avec une petite louche de sirop et accompagnées des petits financiers.

> Pour s'organiser
Les poires au sirop peuvent être préparées la veille et gardées dans leur sirop au réfrigérateur. Quant aux financiers, comme ils sont préparés avec des poires fraîches, il est préférable de les faire le jour même, à moins d'utiliser des poires confites.

Poires au chocolat et aux noisettes

POUR 4 PERSONNES
PRÉPARATION : 15 min
CUISSON : 20 min

- 2 grosses poires mûres mais fermes type Doyenné du comice
- 175 g de cassonade
- 50 g de chocolat noir
- 25 cl de crème liquide
- 25 g de noisettes en poudre
- 1 jaune d'œuf
- 50 g de noisettes concassées

Pelez, épépinez et coupez en deux les poires. Versez 150 g de cassonade dans 50 cl d'eau. Portez à ébullition et, lorsque la cassonade a totalement fondu, déposez délicatement les poires. Faites-les confire à feu doux dans le sirop pendant 10 minutes. Laissez-les refroidir dans le sirop.

Préchauffez le four à 180 °C (therm. 6).

Râpez grossièrement le chocolat. Chauffez doucement la crème liquide et, hors du feu, ajoutez le chocolat râpé. Mélangez rapidement en incorporant la poudre de noisette. Fouettez le jaune d'œuf avec le reste de cassonade et ajoutez-le à la préparation au chocolat.

Sortez les demi-poires du sirop. Égouttez-les, coupez-les en lamelles, puis disposez-les dans des ramequins ou des petits plats à crème brûlée. Versez le mélange chocolaté sur les poires, parsemez de noisettes concassées et enfournez pendant 10 minutes.

Dégustez tiède.

> Conseil d'amie
Vous ne possédez pas de petits plats à crème brûlée ? Préparez ce dessert dans un grand et unique plat à gratin à bords peu élevés.

Choisissez pour cette confiture un miel liquide légèrement parfumé tel que le miel d'acacia. La saveur d'un miel trop corsé masquerait la délicatesse des poires.

Confiture de poires au gingembre

POUR 5 OU 6 POTS
DE 250 G CHACUN
PRÉPARATION : 15 min
CUISSON : 20 à 40 min

- 1 kg de poires bien mûres
- 350 g de sucre en poudre
- 350 g de miel liquide
- le jus de 1 citron
- 30 g de gingembre frais

Pelez, épépinez et coupez en petits morceaux les poires.
Mettez-les dans une bassine à confiture ou un fait-tout à fond épais et mélangez-les avec le sucre, le miel et le jus de citron. Portez à ébullition pendant 10 minutes.

Pelez et coupez le gingembre en fins bâtonnets. Écumez la confiture puis ajoutez le gingembre et poursuivez la cuisson pendant 20 à 30 minutes, jusqu'à ce que les morceaux de poire soient confits et transparents.

Lavez et séchez soigneusement des pots à confiture. Si vous utilisez des pots anciens, remplissez-les avec soin puis laissez la confiture refroidir avant de la couvrir de papier à confiture ou de paraffine.
Si vous utilisez des pots à couvercle, couvrez-les lorsque la confiture est encore brûlante.

> Conseil d'amie
Comment vérifier que la confiture est à point ? Posez une petite assiette dans le réfrigérateur pour qu'elle soit bien froide. Lorsque la confiture vous semble cuite, déposez-en une petite quantité sur cette assiette froide. Elle doit figer.

Le ras al-hanout est un mélange d'épices marocain contenant en moyenne une vingtaine d'épices. Souvent marié à des mets salés, il est aussi délicieux associé aux fruits et au miel.

Pastilla aux poires et épices marocaines

POUR 4 PERSONNES
PRÉPARATION : 20 min
CUISSON : 35 min

- 100 g de beurre
- 100 g de poudre d'amande
- 4 poires mûres
- le jus de 1 citron
- 1 cuill. à café de ras al-hanout
- 100 g de miel
- 8 feuilles de brick
- 1 cuill. à soupe de sucre glace

Clarifiez le beurre : faites-le fondre à feu doux; ôtez la mousse qui se dépose à la surface puis versez le beurre doucement dans un petit bol en veillant à laisser le dépôt de petit-lait dans le fond de la casserole.

Grillez la poudre d'amande à sec dans une poêle, puis laissez-la refroidir.

Pelez, épépinez et coupez les poires en quartiers en les arrosant au fur et à mesure de jus de citron. Chauffez la moitié du beurre clarifié dans une sauteuse antiadhésive et ajoutez les poires. Saupoudrez-les des 3/4 du ras al-hanout, nappez-les de miel et laissez-les confire pendant 15 minutes à feu doux.

Préchauffez le four à 210 °C (therm. 7). Beurrez un petit moule à manqué d'environ 22 cm de diamètre. Posez dans le fond une feuille de brick puis badigeonnez-la de beurre clarifié. Recommencez l'opération avec 3 autres feuilles de brick. Ensuite étalez la poudre d'amande grillée et disposez les poires après les avoir égouttées. Rabattez sur les fruits les feuilles qui dépassent.

Badigeonnez les 4 autres feuilles de brick de beurre clarifié et superposez-les. Posez-les sur les fruits, en les glissant tout autour, sous la pastilla. Versez le beurre clarifié restant et enfournez pendant 20 minutes.

Sortez la pastilla du four lorsqu'elle est bien dorée et saupoudrez-la d'un voile de sucre glace et du reste de ras al-hanout avant de la servir accompagnée du jus de cuisson des poires, légèrement réduit en sirop.

> Conseil d'amie
Si vous avez la chance de trouver des feuilles de brick fraîches, n'hésitez pas une seconde. Elles n'ont rien de comparable avec les feuilles de brick que l'on trouve en sachet et se congèlent parfaitement.
Pour une prochaine pastilla peut-être...

Une version sucrée-salée des saltimboccas classiques.

Saltimboccas aux poires et fromage de brebis

POUR 4 PERSONNES
PRÉPARATION : 30 min
CUISSON : 20 min

- 160 g de fromage de brebis
- 2 poires mûres mais fermes
- 16 feuilles de sauge
- 8 petites escalopes de veau très fines d'environ 80 g chacune
- 8 tranches fines de lard fumé
- 4 petites échalotes
- 4 cuill. à soupe d'huile d'olive
- sel et poivre du moulin

Coupez le fromage de brebis en huit tranches. Pelez, épépinez et coupez chaque poire en quatre. Lavez et séchez les feuilles de sauge.

Posez bien à plat sur un plan de travail 1 escalope de veau.
Poivrez-la puis posez dessus 2 feuilles de sauge et 1 quartier de poire.
Ensuite recouvrez de 1 tranche fine de lard fumé, ajoutez un morceau de fromage de brebis puis roulez l'escalope de veau.
Procédez de la même manière pour les 7 autres escalopes.
Maintenez-les roulées, bien serrées, avec de la ficelle de cuisine ou un pic en bois.

Pelez et taillez grossièrement les échalotes. Chauffez la moitié de l'huile d'olive dans une cocotte et faites dorer les échalotes et les saltimboccas pendant 5 minutes. Salez légèrement, puis ajoutez l'huile d'olive restante et poursuivez la cuisson à feu doux pendant 15 minutes.

Servez avec une salade de poires crues et quelques feuilles de cresson.

> Conseil d'amie
Demandez à votre boucher préféré de vous préparer des escalopes ultra-fines et bien aplaties. Cela vous facilitera la tâche.

Le carvi, autrement nommé cumin des prés, n'a justement rien à voir avec le cumin, si ce n'est la forme de ses graines, elles aussi issues d'une ombellifère. Il est très utilisé en Europe de l'Est où il parfume fromages, charcuteries, choucroutes et autres pains.

Nems de poires au comté et au carvi

POUR 8 NEMS
PRÉPARATION : 20 min
CUISSON : 4 min

- 4 feuilles de brick (ou 8 feuilles pour rouleau de printemps)
- 2 belles poires un peu fermes
- 160 g de comté
- 1/2 cuill. à café de carvi
- 1 blanc d'œuf
- 1 l d'huile pour friture
- 8 petits tours de moulin à poivre

Coupez les feuilles de brick en deux. Pelez, épépinez et coupez en huit chaque poire. Détaillez le comté en huit bâtonnets.

Posez, sur la partie arrondie de chaque demi-feuille de brick, 2 quartiers de poire et 1 bâtonnet de comté. Ajoutez un peu de carvi, de poivre du moulin, puis rabattez les côtés de la demi-feuille et roulez-la à la façon d'un nem. Collez l'extrémité avec du blanc d'œuf et réservez au frais. Préparez ainsi 8 nems.

Faites chauffer l'huile. Lorsqu'elle atteint 180 °C, plongez-y les nems pendant environ 4 minutes. Lorsqu'ils sont bien dorés, sortez-les et posez-les sur une assiette couverte de papier absorbant.

Dégustez ces nems bien chauds, croustillants, simplement avec les doigts ou sur une salade de roquette assaisonnée de vinaigre balsamique et d'huile d'olive.

> Conseil d'amie
Les feuilles pour rouleau de printemps ou « tyj spring roll pastry » sont très pratiques, car elles se présentent sous forme de feuilles carrées d'environ 20 cm de côté et sont plus solides et plus élastiques que les feuilles de brick. Vous les trouverez sous vide ou surgelées dans les épiceries asiatiques.

> Conseil pratique
Pour savoir si votre bain de friture est à la bonne température, plongez un petit morceau de feuille de brick dans l'huile chaude. S'il remonte aussitôt en faisant de petites bulles, et dore rapidement, alors le bain de friture est parfait. S'il reste au fond 2 minutes et remonte doucement, l'huile n'est pas assez chaude.

Le raisin

Pépé, mon grand-père, était un fin jardinier.

Son domaine privilégié se situait entre ses parterres de scabieuses, cosmos et autres dahlias et son potager bien tenu, désherbé chaque jour avec patience et dévouement.

Sur les murs, poussaient en espalier quelques poiriers et pommiers, les fraises tachaient de leur beau rouge les massifs vert tendre, tandis qu'une vigne vigoureuse envahissait une petite serre spécialement construite pour elle.

C'est là qu'au mois de septembre nous allions religieusement, avant chaque repas, munis d'une grande paire de ciseaux, cueillir pour le dessert des grappes de chasselas mordorées.

C'est là que, dès que mon Pépé avait le dos tourné, je me réfugiais, égrappant consciencieusement ces beaux pampres de raisin, pour me régaler de grains sucrés qui éclataient dans ma bouche et me procuraient à chaque fois un immense plaisir.

C'est bon, c'est simple et c'est toujours étonnant d'offrir à ceux que l'on aime un « petit digestif maison ».

Quand les raisins se prennent pour des cerises...

POUR ENVIRON 1 L
PRÉPARATION : 15 min
MACÉRATION : 4 mois

- 1,5 kg de raisins muscats
- 1 gousse de vanille
- 75 cl d'eau-de-vie de fruits
- 500 g de cassonade

Ôtez les grains de raisin abîmés ou flétris. Lavez les grappes sous l'eau fraîche puis séchez-les soigneusement. Détachez les grains en vous servant d'une paire de ciseaux de manière à garder sur chacun un petit bout de queue (comme vous le feriez pour des cerises).

Ébouillantez un grand bocal puis essuyez-le. Posez la gousse de vanille fendue dans le fond du bocal puis rangez-y, sans trop les tasser, les grains de raisin. Couvrez d'eau-de-vie, fermez hermétiquement et réservez dans un endroit frais à l'abri de la lumière pendant 1 mois.

Après un mois, ouvrez le bocal et versez la cassonade. Refermez le bocal et réservez, à l'abri de la lumière, encore 3 mois au moins.

> Conseil d'amie
Les raisins doivent être irréprochables, fermes, non tachetés et mûrs à point. Les gros raisins italiens, de taille généreuse et très parfumés, sont parfaits pour cette préparation.

Choisissez pour cette tarte des grappes de chasselas dont les grains sont petits et la peau fine.

Tartelettes aux raisins et aux pommes râpées et crumble de noix de pécan

POUR 4 À 6 PERSONNES
PRÉPARATION : 30 min
CUISSON : 30 à 40 min

- 200 g de farine
- 1 cuill. à café de cannelle
- 100 g de beurre
- 300 g de raisins frais
- 2 pommes acidulées
- 1 pincée de sel

POUR LE CRUMBLE
- 40 g de noix de pécan
- 40 g de cassonade
- 40 g de farine
- 40 g de beurre salé

Préparez la pâte. Mélangez la farine avec la cannelle, le sel et le beurre bien froid coupé en petits morceaux. Sablez le mélange entre les paumes des mains, puis versez 5 cl d'eau froide et formez rapidement une boule. Écrasez cette boule deux fois puis reformez-la et étalez-la dans un plat à tarte d'environ 24 cm de diamètre ou dans des moules à tartelette individuels. Piquez le fond de quelques coups de fourchette. Réservez au réfrigérateur.

Préchauffez le four à 210 °C (therm. 7). Lavez puis égrappez le raisin. Pelez puis râpez grossièrement les pommes. Mélangez ces deux fruits délicatement, posez-les sur la pâte et enfournez pendant 30 à 40 minutes.

Préparez le crumble. Hachez les noix de pécan grossièrement puis mélangez-les avec la cassonade, la farine et le beurre froid coupé en petits morceaux. Frottez le mélange entre les mains comme pour le sabler, puis étalez-le dans un plat et enfournez-le à côté des tartelettes pendant 15 minutes.

Lorsque les tartelettes sont cuites, sortez-les du four et laissez-les tiédir dans leurs moules. Sortez le crumble lorsqu'il est bien doré. Émiettez-le et parsemez-le sur les tartelettes encore tièdes.

> Conseil d'amie
Si vous ne trouvez pas de noix de pécan, remplacez-les par des noisettes.

> Pour s'organiser
Le crumble peut être préparé la veille à condition qu'il soit conservé dans une boîte fermant hermétiquement, afin qu'il reste croquant. La pâte peut aussi être préparée à l'avance et congelée. Si vous avez un grand congélateur, n'hésitez pas à la congeler déjà étalée dans son moule.

Les gros raisins d'Italie seront parfaits pour cette recette à la fois fraîche et nourrissante.

Salade de lentilles vertes aux raisins frais et canard confit

POUR 4 PERSONNES
PRÉPARATION : 20 min
CUISSON : 25 min

- 200 g de lentilles vertes du Puy
- 1 petit bouquet garni (queue de persil, thym, laurier)
- 200 g d'oignons rouges
- 1 cm de gingembre frais
- 8 cuill. à soupe d'huile d'olive
- 1 cuill. à soupe de miel
- 200 g de raisins frais muscatel ou muscat
- 1 bouquet de coriandre
- 2 cuisses de canard confites
- 2 cuill. à soupe de vinaigre de xérès
- 1 cuill. à soupe de jus de raisin
- 100 g de raisins blonds secs
- sel et poivre du moulin

Faites cuire les lentilles avec le bouquet garni pendant 15 minutes dans deux fois leur volume d'eau. Elles doivent être encore fermes. Puis égouttez-les et laissez-les refroidir.

Pelez et émincez les oignons. Pelez et hachez finement le gingembre. Faites dorer légèrement les oignons pendant 2 minutes dans 2 cuillerées à soupe d'huile d'olive, puis ajoutez le miel et le gingembre. Salez, poivrez et poursuivez la cuisson pendant 5 minutes.

Lavez, séchez et égrappez le raisin. Coupez en deux les grains les plus gros. Lavez, essorez et hachez la coriandre.

Posez les cuisses de canard à mi-hauteur sous le gril du four pendant 10 minutes et, lorsqu'elles sont dorées et croustillantes, désossez-les et détaillez-les en petits morceaux.

Émulsionnez le reste d'huile d'olive avec le vinaigre, le jus de raisin, du sel et du poivre. Mélangez intimement tous les ingrédients préparés précédemment : lentilles, oignons confits, canard croustillant, coriandre fraîche, raisins secs et raisins frais. Arrosez de vinaigrette et servez aussitôt.

> Pour s'organiser
Vous pouvez bien évidemment cuire les lentilles, préparer les oignons confits et émulsionner la vinaigrette la veille et, si le cœur vous en dit, faire tiédir le tout le jour même. Cette salade se sert en plat principal.

La figue

Les figuiers semblent aimer les hommes. Ils s'arrangent toujours pour croître à côté d'une maison, comme s'il était impératif que leurs figues ne poussent pas pour des prunes… Comme s'il était essentiel que ces fruits emmiellés et parfumés soient récoltés et goûtés. Comme s'il suffisait d'avoir à côté de soi un figuier pour être certain de ne manquer de rien.

C'est ainsi qu'au détour d'un chemin abandonné, alors que la maison n'est plus, l'arbre demeure, odorant, laiteux, qui nous fait signe et nous invite à cueillir ses figues sucrées, tellement sucrées…

Qu'elles soient blanches ou violettes, rondes ou longues, les figues sont le symbole de l'opulence, d'un certain art du bien et du bon vivre lié à la simplicité.

Elles doivent être cueillies à complète maturité, lorsqu'il suffit de les toucher pour qu'elles vous tombent tout naturellement dans la main. Avant, elles manquent encore de ce sucre qui fait tout leur charme. À moins que l'on ne les cueille encore très fermes, à peine mûres et qu'on les laisse séjourner dans le vinaigre avec quelques aromates pour les transformer en « pickles ».

Pour ce dessert, les figues doivent être mûres, mais pas trop, de manière à se tenir pendant la cuisson.

Figues au four à la crème de cassis

POUR 4 À 6 PERSONNES
PRÉPARATION : 10 min
RÉFRIGÉRATION : 20 min

- 12 petites figues violettes
- 125 g de cassis ou de framboises
- 1 gousse de vanille
- 15 cl de crème de cassis

Préchauffez le four à 210 °C (therm. 7).

Lavez et essuyez les figues, coupez le bout des queues, puis fendez-les en quatre. Passez rapidement le cassis ou les framboises sous l'eau fraîche. Fendez puis grattez la gousse de vanille pour en extraire les graines. Mélangez ces graines avec la crème de cassis.

Disposez les figues fendues, bien serrées les unes entre les autres (pour qu'elles ne s'ouvrent pas trop durant la cuisson) dans un plat creux. Parsemez-les de baies de cassis ou de framboises, arrosez de crème de cassis à la vanille et enfournez pendant 20 minutes.

Servez les fruits tièdes avec ou sans crème glacée.

> Conseil d'amie
Ce délicieux dessert peut être préparé la veille. Laissez-le alors refroidir, couvrez le plat d'un film alimentaire et réservez-le au réfrigérateur. Servi très froid, c'est aussi délicieux.

> Pour parfumer
Pour parfumer encore davantage, au moment de servir les figues, mixez 125 g de framboises avec 20 g de sucre et servez ce coulis à part.

Vous n'aimez pas la pâte feuilletée ? Emballez ces belles figues au miel dans plusieurs feuilles de brick beurrées et sucrées. Elles seront légères et croustillantes. Vous n'aimez pas non plus l'anis ? Utilisez plutôt un peu de cannelle ou de quatre-épices.

Figues en douillon

POUR 4 PERSONNES
PRÉPARATION : 15 min
CUISSON : 15 min

- 8 figues
- 240 g de pâte feuilletée
- 4 cuill. à café de miel de lavande
- 1/2 cuill. à café d'anis en graines
- 40 g de beurre fondu
- 4 cuill. à café de cassonade

Préchauffez le four à 210 °C (therm. 7). Lavez, équeutez et fendez les figues en quatre.

Étalez la pâte feuilletée bien froide sur un plan de travail légèrement fariné et, lui aussi, bien froid. Découpez la pâte en huit carrés d'environ 12 cm de côté. Posez 1 figue au centre de chaque carré de pâte. Déposez au cœur de chaque figue 1/2 cuillerée à café de miel et 1 pincée d'anis. Mouillez le tour de chaque carré puis refermez-le sur la figue en pinçant les bords humides pour bien les souder.

Déposez les figues ainsi emmaillotées sur la tôle du four couverte de papier sulfurisé, badigeonnez-les de beurre fondu, saupoudrez de cassonade et enfournez pendant 15 minutes.

Les douillons sont cuits lorsque la pâte a bien gonflé et pris une belle couleur dorée. Servez tiède.

> Conseil d'amie

Pour que la pâte feuilletée se développe bien en cuisant, le four doit être bien préchauffé et la pâte bien froide.

> Pour s'organiser

Vous pouvez préparer ces figues quelques heures à l'avance et les garder au réfrigérateur jusqu'au moment de les cuire.

> Conseil pratique

Choisissez de préférence un miel un peu ferme pour qu'il ne se répande pas aussitôt dans la figue mais devienne liquide au fil de la cuisson des douillons.

À préparer dans un grand plat familial ou dans de petits moules individuels.

Figues gratinées à la poudre d'Amandin

POUR 4 PERSONNES
PRÉPARATION : 10 min
CUISSON : 20 min

- 12 petites figues bien mûres
- 50 g de beurre
- 2 œufs
- 2 jaunes d'œuf
- 30 cl de crème liquide
- 60 g d'Amandin en poudre Vahiné
- 40 g de cassonade
- 1 cuill. à soupe de rhum
- 40 g d'amandes effilées

Préchauffez le four à 180 °C (therm. 6).

Lavez, équeutez puis coupez en quartiers les figues. Rangez-les dans un plat à gratin ou dans des moules individuels, parsemez-les du beurre coupé en petits morceaux et cuisez-les pendant 15 minutes au four.

Pendant ce temps, fouettez les œufs entiers et les jaunes d'œuf en omelette et mélangez-les avec la crème liquide, l'Amandin en poudre, la cassonade et le rhum.

Passé 15 minutes, sortez les figues du four, versez la préparation précédente, parsemez d'amandes effilées et enfournez à nouveau. Placez sous le gril du four pendant 5 minutes. Servez aussitôt.

Quelques ingrédients simples qui vont si bien ensemble !

Figues, poires, pancetta, roquette et parmesan en salade

POUR 4 PERSONNES
PRÉPARATION : 10 min
CUISSON : 4 min

- 8 figues fraîches
- 1 poire
- 2 poignées de roquette ou de cresson
- 50 g de parmesan
- 8 tranches de pancetta

POUR LA VINAIGRETTE
- 4 cuill. à soupe d'huile d'olive
- 1 cuill. à soupe de vinaigre balsamique
- 1 cuill. à café de miel liquide
- sel et poivre du moulin

Préparez la vinaigrette. Émulsionnez l'huile d'olive, le vinaigre balsamique, le miel, le sel et le poivre.

Lavez puis séchez les figues, la poire et la roquette. Équeutez les figues puis coupez-les en quartiers. Épépinez la poire et tranchez-la finement. Détaillez le parmesan en copeaux en vous aidant d'un couteau Économe.

Disposez harmonieusement sur quatre assiettes les fruits et la roquette. Cuisez à sec dans une poêle les tranches de pancetta pendant 4 minutes pour les rendre croustillantes. Servez-les aussitôt avec les fruits en salade généreusement arrosés de vinaigrette au miel.

> Conseils d'amie
Les figues et la poire ne doivent pas être trop mûres pour ne pas s'écraser sous la fourchette.

Si vous ne trouvez pas de pancetta, remplacez-la par des tranches très fines d'un bon lard fumé.

Un bon rôti comme on les aime, à déguster chaud en tranches généreuses, ou froid tranché plus finement, et à servir avec une salade de roquette et des figues fraîches.

Rôti de porc aux deux figues

POUR 6 PERSONNES
PRÉPARATION : 15 min
CUISSON : 1 h 15

- 1 rôti de porc dans le filet de 1 kg
- 14 figues fraîches
- 3 figues sèches
- 6 feuilles de sauge
- 40 g de beurre mou
- 4 cuill. à soupe d'huile d'olive
- sel et poivre du moulin

Sortez le rôti du réfrigérateur. Lavez les figues fraîches. Pelez deux d'entre elles et écrasez-les à la fourchette. Ouvrez les figues sèches puis grattez l'intérieur avec une cuillère pour récupérer la chair. Lavez et séchez les feuilles de sauge. Hachez finement une des feuilles. Mélangez les chairs des figues sèches et fraîches avec le beurre mou et la sauge hachée. Salez et poivrez.

Traversez le rôti de part en part dans sa longueur avec la lame d'un long couteau. Dans cette entaille, enfoncez la pâte aux deux figues en vous aidant du manche d'une cuillère en bois. Ensuite ficelez le rôti avec les feuilles de sauge restantes et arrosez-le de 2 cuillerées à soupe d'huile d'olive. Salez, poivrez et laissez cuire dans le four pendant 30 minutes à 210 °C (therm. 7) sans préchauffage. Retournez le rôti dans son plat et arrosez-le régulièrement pendant la cuisson.

Passé 30 minutes, fendez les figues fraîches restantes en quatre. Sortez le rôti du four et disposez tout autour les figues fendues. Salez, poivrez, arrosez les figues du reste d'huile d'olive et prolongez la cuisson de 45 minutes.

> Conseil d'amie
Sortez toujours la viande du réfrigérateur 30 minutes au moins avant de la cuire pour lui éviter de subir un choc thermique. Comme pour toute viande blanche, il ne faut pas préchauffer le four avant d'y déposer le rôti qui doit, pour rester moelleux, monter doucement en température.

Le melon

Alexandre Dumas aimait tellement les melons de Cavaillon que, en échange de plusieurs centaines de volumes de son œuvre publiée, généreusement donnée à la bibliothèque de la ville, il s'assura une rente de douze melons par an, et ce jusqu'à la fin de ses jours.

Il faut reconnaître que cette cucurbitacée a un charme fou et que son parfum capiteux fait aisément tourner les têtes.

Sa taille en impose. Rares sont les fruits si gros qu'on puisse les partager, et celui-là en fait partie. Il est généreux et ravit tous les gourmands qu'une petite pêche, au demeurant savoureuse, ne comble jamais totalement.

Mais, plus que tout, le melon incarne le soleil, cet astre qui nous manque tellement tout au long de l'hiver. Tant et si bien que l'on ne sait plus vraiment si c'est parce que l'été est là que l'on mange du melon, ou parce que le melon est arrivé que l'été est enfin là.

Dans les Charentes, les melons poussent souvent à côté des vignes. Il eût été dommage de ne pas les réunir. Quant au gingembre, c'est une autre histoire...

Granité au melon, gingembre et pineau

POUR 6 PERSONNES
PRÉPARATION : 15 min
CONGÉLATION : 3 h

- 1 morceau de gingembre frais de 30 g
- 5 cl d'eau
- 50 g de sucre roux
- 1 melon charentais de 1,5 kg
- 50 cl de pineau des Charentes blanc

Pelez le gingembre, coupez-le en petits morceaux puis pressez-le dans un presse-ail au-dessus d'une petite casserole contenant les 5 cl d'eau et le sucre roux. Portez à ébullition pour obtenir un sirop. Laissez refroidir.

Pelez et épépinez le melon. Mixez-le finement puis ajoutez le sirop de gingembre et 20 cl de pineau des Charentes. Mélangez. Versez la préparation dans un bac rectangulaire sur environ 3 cm de hauteur et placez au congélateur.

Au cours de la journée, grattez à la fourchette la préparation au fur et à mesure qu'elle se fige, jusqu'à ce qu'elle soit complètement cristallisée et pailletée.

Servez le granité dans des verres, arrosé de pineau des Charentes.

> Conseil d'amie
Vous n'avez ni le courage ni le temps de préparer ce granité ? Versez le jus de melon au pineau et au gingembre dans des bacs à glaçons. Lorsque vous servirez un verre de pineau des Charentes, ajoutez un ou deux glaçons parfumés.

Si le parmigiano reggiano, ou parmesan, est bien affiné, le jambon de Parme, vraiment de Parme, le melon ferme mais juteux et très parfumé, si l'huile d'olive est toscane et développe des parfums herbacés, et si le poivre et le pain brioché sont de bonne qualité, alors cette assiette simplissime sera un pur régal.

Classique melon, jambon, parmesan et huile d'olive

POUR 4 PERSONNES
PRÉPARATION : 10 min

- 50 g de parmesan
- 1 beau melon de 1 kg
- 8 tranches très fines de jambon de Parme
- 4 cuill. à soupe d'huile d'olive
- pain brioché
- poivre du moulin

Détaillez le parmesan en copeaux à l'aide d'un couteau Économe.

Pelez, épépinez et coupez en fins quartiers le melon. Répartissez-le sur quatre assiettes. Ajoutez les tranches de jambon de Parme, les copeaux de parmesan et arrosez d'huile d'olive.

Poivrez généreusement et servez aussitôt avec des tranches de pain brioché grillées.

Makis de melon au fromage frais et courgettes

POUR 12 MAKIS
PRÉPARATION : 20 min

- 1 petit melon bien mûr et ferme
- 12 larges feuilles de basilic
- 150 g de feta
- 3 petites courgettes très fermes
- 4 cuill. à café d'huile d'olive
- 12 gouttes de vinaigre balsamique concentré
- poivre du moulin

Pelez, épépinez et détaillez en gros bâtonnets le melon. Lavez et séchez délicatement les feuilles de basilic. Coupez la feta en bâtonnets de la même taille que les bâtonnets de melon. Poivrez généreusement.

Pelez puis détaillez dans la longueur les courgettes en lanières fines, à l'aide d'un couteau Économe ou d'une mandoline. Puis plongez-les 1 minute dans une casserole d'eau bouillante. Arrosez-les d'eau fraîche pour arrêter leur cuisson et égouttez-les en les posant sur un linge propre.

Déposez bien à plat sur le plan de travail 3 lanières de courgette en les faisant se chevaucher légèrement. Posez ensuite 1 bâtonnet de feta et 1 bâtonnet de melon. Ajoutez 1 feuille de basilic, un peu d'huile d'olive, 1 goutte de vinaigre balsamique concentré et enroulez le tout dans les lanières de courgette.

Procédez ainsi pour les douze makis. Couvrez d'un film alimentaire et réservez au réfrigérateur jusqu'au moment de servir, nature ou accompagné d'une vinaigrette à l'huile d'olive et au vinaigre balsamique.

> Conseil pratique
Vous trouverez le vinaigre balsamique concentré dans toutes les épiceries fines sous le nom de « crème de vinaigre balsamique ».

> Pour varier
La feta peut être remplacée par du pecorino frais, un fromage italien fabriqué avec du lait de brebis dans la région de Rome, en Toscane et en Sardaigne.

La pastèque

De tous les fruits représentés dans ce livre, la pastèque est le plus gros.

Le melon d'eau, c'est aussi ainsi qu'on la nomme, peut en effet peser plus de 20 kg et est, comme son nom l'indique, essentiellement constitué d'eau. C'est pourquoi la pastèque demeure la bonne amie des régimes, la fervente cavalière des sylphides…

Mais réduire ce fruit à ce simple rôle serait bien ingrat quand on sait que ses 92 % de liquide en font un merveilleux substitut à cette eau, justement, indispensable à toute vie et si rare dans les pays chauds, où pousse cette cucurbitacée.

Née en Afrique, la pastèque a très vite voyagé. Moyen-Orient, Égypte, Chine, Espagne, Italie, Inde… n'ont plus de secret pour celle qui s'adapte à toutes les civilisations. Ses gros pépins noirs représentent une manne pour les Indiens qui les réduisent en farine et s'en servent pour fabriquer leur pain. Tandis qu'aux États-Unis on a tout fait pour les éliminer, ces pépins, créant une variété de pastèque privée de graines, que l'on trouve désormais sur nos marchés.

Quoi qu'il en soit, avec ou sans pépins, ne vous privez pas du plaisir de croquer dans un quartier de pastèque bien frais, sous le soleil bouillant d'un été caniculaire. Et vous comprendrez aisément d'où vient son joli petit nom de melon d'eau.

Difficile de résister à ces deux couleurs et à ces deux fruits magnifiques...

Jus de pastèque au sirop de framboise

POUR 4 PERSONNES
PRÉPARATION : 10 min

- 1/4 de pastèque bien mûre (environ 500 g)
- 125 g de framboises
- 15 cl de sirop de framboise

Pelez, épépinez et coupez en dés la pastèque. Lavez rapidement les framboises sous l'eau fraîche.

Mixez finement ces deux fruits en ajoutant le sirop. Servez très frais.

> Conseil d'amie
Vous possédez des petits moules à bâtonnets glacés ? Remplissez-les de ce jus et placez-les au congélateur au moins 3 heures.

> Pour parfumer
Quelques feuilles de menthe mixées avec les fruits apporteront une note supplémentaire de fraîcheur à cette boisson désaltérante.

> Pour varier
Vous pouvez remplacer le sirop de framboise par du sirop de rose.

Une autre boisson d'été, pour adultes...

POUR 6 PERSONNES
PRÉPARATION : 10 min

- 200 g de pastèque
- 12 cl de liqueur de pêche
- 1 bouteille de champagne très fraîche

Détaillez la pastèque en petites billes à l'aide d'une cuillère parisienne, (utilisée pour former des billes dans les pommes et les melons notamment).

Répartissez ces billes dans six verres. Ajoutez la liqueur de pêche, puis versez le champagne frais. Servez aussitôt.

La belle rencontre de la pastèque et de la mozzarelle, ou le mariage de deux enfants de ce beau pays : l'Italie.

Sucré-salé de pastèque aux olives noires, radis et mozzarelle

POUR 4 PERSONNES
PRÉPARATION : 15 min

- 400 g de pastèque
- 12 petits radis roses
- quelques feuilles d'estragon
- 12 olives de Calamata
- 200 g de mini-mozzarelles
- 4 cuill. à soupe d'huile d'olive
- poivre du moulin

Coupez la pastèque en gros cubes. Lavez, équeutez puis taillez les radis. Lavez et séchez les feuilles d'estragon. Dénoyautez les olives.

Piquez tous ces ingrédients et les mini-mozzarelles sur des petits pics à brochette en bambou, arrosez-les d'huile d'olive, ajoutez 2 tours de moulin à poivre et servez très frais.

Une entrée fraîche et délicate qui sera encore meilleure si vous remplacez le crabe en boîte par des pinces de tourteau.

Pastèque, crabe et avocat

POUR 4 PERSONNES
PRÉPARATION : 15 min

- 500 g de pastèque
- 2 avocats un peu fermes
- 1/2 bouquet d'aneth
- 1 boîte de 200 g de crabe de bonne qualité (soit 120 g de chair de crabe égouttée)

POUR LA VINAIGRETTE
- 4 cuill. à soupe d'huile d'olive
- 1/2 cuill. à café de jus de citron vert
- 1 cuill. à café de purée de piment
- 1 cm de gingembre frais
- sel

Pelez, épépinez et coupez en fines lamelles la pastèque. Coupez en deux les avocats puis pelez-les délicatement et tranchez-les en lamelles. Lavez, séchez et ciselez l'aneth.

Préparez la vinaigrette. Mélangez, en les émulsionnant, l'huile d'olive, le jus de citron et la purée de piment. Salez et ajoutez le gingembre pelé et pressé dans un presse-ail.

Badigeonnez chaque tranche d'avocat de vinaigrette épicée. Émiettez le crabe et mélangez-le avec l'aneth.

Montez quatre mille-feuilles en intercalant des lamelles d'avocat, du crabe et des tranches fines de pastèque. Maintenez le tout avec un pic à brochette, si nécessaire, et arrosez du reste de vinaigrette.

Réservez au frais jusqu'au moment de servir.

> Conseil d'amie
Choisissez des avocats à la peau lisse et brillante. Ils se pèlent plus aisément que ceux dont la peau grenue, d'un vert plus soutenu, est plus épaisse.

Le coing

C'est un drôle d'animal, ce coing.

Avec ses allures de gros citron cotonneux ou d'énorme poire duveteuse, il semble hésiter entre le désir d'être un fruit et l'envie d'être un légume.

Sans jus, plus coriace que la poire la plus dure, il ne se consomme que cuit, et il nous faut bien du courage pour le peler, puis le couper, puis l'épépiner, tant sa chair résiste sous le couteau d'office. Pourtant, lorsque ces petites vicissitudes sont passées, ce fruit du cognassier dévoile ses charmes et régale nos papilles intriguées.

Riche en pectine, il est le fruit idéal des gelées et autres pâtes, qu'apprécient tout particulièrement les Espagnols et les Portugais. Tandis que, en Orient, il est préparé comme un légume, farci ou en tajine.

Les coings pointent leur gros nez en automne… alors ne les laissez pas passer et cuisinez-les, ils adorent ça.

La lavande apporte une note estivale à cette gelée typiquement automnale.

Gelée de coing à la lavande

PRÉPARATION : 20 min
CUISSON : 1 h environ

- 4 coings de 350 g chacun (soit 1 kg pelés et épépinés)
- 800 g de sucre en poudre environ
- 1 cuill. à café rase de fleurs de lavande séchées

Essuyez les coings pour ôter leur duvet. Ensuite pelez-les et épépinez-les. Gardez les pépins et enveloppez-les dans une gaze de coton ou un tissu très fin. Coupez les coings en morceaux, mettez-les dans une bassine à confiture ou un fait-tout à fond épais et couvrez-les de 1,5 l d'eau, ajoutez les pépins préparés précédemment et portez à ébullition. Laissez frémir 50 minutes.

Lorsque les fruits commencent à s'attendrir et à « se défaire », sortez-les de leur eau de cuisson et pressez-les en les écrasant avec le dos d'une louche dans un tamis fin avec leurs pépins, au-dessus de la bassine à confiture. Mélangez puis pesez le jus obtenu et ajoutez 800 g de sucre par kilo de jus.

Placez une coupelle au réfrigérateur. Portez le mélange sucré à ébullition. Écumez la surface, puis, dès que le sirop semble napper la cuillère, posez une goutte de gelée sur la coupelle refroidie. Si elle fige instantanément, alors la gelée est prête.

Ajoutez les fleurs de lavande et versez immédiatement la gelée dans des pots bien propres et bien secs. Couvrez-la aussitôt si vous possédez des pots à couvercle, ou laissez-la refroidir avant de verser de la paraffine, si, comme moi, vous utilisez les pots de votre grand-mère.

L'incontournable pâte de coing…
Tellement meilleure quand elle est faite « maison ».

Pâte de coing

POUR 4 À 8 PERSONNES
PRÉPARATION : 15 min
CUISSON : 1 h 20
REPOS : 24 h

- 2 kg de coings
- le poids en sucre de la pulpe de coing une fois cuite
- sucre cristallisé (facultatif)

Lavez les coings sous l'eau fraîche pour les débarrasser de leur duvet. Ensuite pelez-les, épépinez-les et coupez-les en quatre. Gardez les pépins et enfermez-les dans un petit morceau de coton fin, appelé étamine, lié par de la ficelle de cuisine.

Posez les coings dans une grande casserole. Couvrez-les d'eau, ajoutez l'étamine et portez à ébullition. Ensuite laissez frémir 50 minutes jusqu'à ce que les coings soient tendres.

Égouttez-les puis passez-les dans un moulin à légumes muni d'une grille fine. Pesez la pulpe recueillie et mélangez-la avec son poids en sucre. Faites cuire à feu doux cette purée de coing sucrée pendant 30 minutes, jusqu'à ce qu'elle épaississe et se détache des parois de la casserole.

Versez-la alors dans un plat creux tapissé d'un film alimentaire et laissez-la refroidir. Gardez cette pâte de coing 24 heures à l'air libre pour qu'elle sèche un peu et ne soit plus collante.

Ensuite gardez-la nature, dans une boîte fermant hermétiquement, et servez-la avec du fromage de brebis un peu sec. Vous pouvez également découper la pâte de coing en carrés et rouler ceux-ci dans du sucre cristallisé, avant de les ranger aussi dans une boîte.

Simple et délicieux, que demander de plus ?

Tajine de veau aux coings

POUR 4 PERSONNES
PRÉPARATION : 15 min
CUISSON : 1 h 15

- 1 kg de bas de carré de veau
- 4 coings
- 1 citron
- 100 g de sucre en poudre
- 3 cuill. à soupe d'huile d'olive
- 1 dosette de filaments de safran
- 8 abricots secs
- 1 cuill. à café de cannelle en poudre
- 1/2 cuill. à café de gingembre en poudre
- 4 cuill. à soupe de miel
- 1/2 bouquet de coriandre
- sel et poivre du moulin

Demandez à votre boucher de couper le bas de carré en morceaux.

Lavez les coings sous l'eau fraîche pour les débarrasser de leur duvet puis pelez-les, épépinez-les et coupez-les en quatre. Portez à ébullition 50 cl d'eau avec le jus du citron et le sucre. Ajoutez les coings et laissez frémir 10 minutes. Ensuite égouttez les fruits et réservez-les.

Chauffez l'huile d'olive avec les filaments de safran dans une cocotte ou un plat à tajine. Faites-y dorer les morceaux de veau et les abricots secs. Salez et poivrez, posez les coings, ajoutez la cannelle, le gingembre, le miel. Couvrez et laissez mijoter 1 heure sans mélanger les ingrédients pour ne pas abîmer les coings.

Au moment de servir le tajine, parsemez-le de coriandre fraîche.

> Conseil d'amie
Le bas de carré de veau est un morceau un peu gras et persillé, idéal pour réaliser cette recette car il reste moelleux et tendre même s'il cuit plus longtemps que prévu.

> Pour parfumer
Vous pouvez aussi choisir de cuire la coriandre avec tous les autres ingrédients. Dans ce cas, posez-la, en botte, sur les coings épicés. Son parfum se répandra tout au long de la cuisson.

Fruits à noyau

La cerise

Mes premières cerises furent mes premiers atours. Les portant par paires à mes oreilles d'enfant, tels des bijoux précieux, je jouais « à la dame », à l'ombre du cerisier couvert de fruits. Je trouvais bien sûr le temps, abandonnant immanquablement mes jeux, d'en manger plus qu'il ne l'aurait fallu, avalant une fois sur quatre le noyau, heureusement petit…

Depuis cueillir ces si jolis fruits, un panier à la main, juchée sur un escabeau, la tête dans le feuillage, reste pour moi un vrai ravissement.

Tout, dans un cerisier, est enchanteur. Au printemps, il se pare de fleurs plus délicates les unes que les autres, d'un blanc mâtiné de rose, et, dès le mois de juin, claironnant l'arrivée imminente de l'été, il se couvre de petites taches rouges ou jaunes. On attend alors avec impatience que les premières cerises soient mûres à point pour les cueillir, avant les merles, et en faire des clafoutis, des confitures, des tartes… et des boucles d'oreilles.

Cette recette est née pour remplacer, en métropole, les surettes, ces petits fruits très acides, que l'on trouve en confiture sur tous les marchés de Martinique et qui sont destinés au ti-punch. Un pur régal !

Petites cerises confites pour le ti-punch

POUR ENVIRON 6 À 8 TI-PUNCHS
PRÉPARATION : 10 min
CUISSON : 20 min

- 400 g de cerises acidulées (cerises anglaises ou montmorency)
- 15 cl de sirop de canne roux
- 1 cuill. à café rase de gingembre en poudre
- 1 cuill. à café de cannelle en poudre
- rhum blanc
- 1 citron vert

Lavez, équeutez et dénoyautez les cerises.

Portez le sirop de canne à ébullition avec le gingembre et la cannelle. Plongez les cerises dans le sirop aux épices et laissez-les confire à feu modéré pendant 20 minutes. Elles doivent rester entières dans un sirop épais et parfumé. Laissez ensuite refroidir.

Au moment du ti-punch, servez une généreuse cuillerée à soupe de cerises confites aux épices dans chaque verre, ajoutez un petit morceau de citron vert et versez le rhum blanc.

Ces cerises se conservent 15 jours au réfrigérateur.

C'est mon ami Philippe, qui a, le premier, expérimenté cette recette de tarte, un beau jour de juin, alors que les petits cerisiers du verger croulaient sous les fruits.

Tarte aux cerises et pistaches vertes

POUR 4 À 6 PERSONNES
PRÉPARATION : 20 min
CUISSON : 20 à 30 min

POUR LA PÂTE
- 80 g de beurre salé
- 150 g de farine
- 30 g de sucre semoule
- 3 cl d'eau fraîche

POUR LA GARNITURE
- 500 g de cerises
- 120 g de pistaches vertes non salées
- 30 g de beurre
- 40 g de sucre cristal
- 1 cuill. à soupe de sucre cristal

Préparez la pâte brisée. Coupez le beurre froid en petits morceaux et mélangez-le avec la farine et le sucre semoule. Frottez ce mélange entre les mains pour le sabler puis versez l'eau fraîche et formez rapidement une boule. Écrasez cette boule deux ou trois fois avec la paume de la main puis reformez-la et emballez-la dans un film alimentaire.

Lavez, équeutez et dénoyautez les cerises. Hachez finement les pistaches vertes au couteau ou au robot.

Préchauffez le four à 210 °C (therm. 7). Étalez la pâte au rouleau puis foncez-en un moule à tarte carré de 22 cm de côté. Piquez-la de quelques coups de fourchette puis couvrez-la avec les 2/3 des pistaches hachées. Disposez les cerises, parsemez-les de noisettes de beurre, du reste de pistaches hachées puis de sucre cristal et enfournez de 20 à 30 minutes.

Lorsque la pâte est dorée, sortez la tarte du four et laissez-la refroidir avant de la déguster.

> Conseil d'amie

Grâce aux pistaches hachées finement, la pâte reste croquante car tout le jus des cerises est absorbé par cette poudre de pistache.

> Pour varier

Vous ne trouvez pas de pistaches ? Remplacez-les par des amandes. Vous êtes allergique aux oléagineux ? Saupoudrez le fond de votre tarte de semoule fine qui se gorgera au fil de la cuisson du jus des cerises et permettra à la pâte de rester croquante.

Choisissez, pour ce dessert, des cerises noires, bien mûres et pas trop fermes.

Clafoutis vanillé aux cerises

POUR 4 PERSONNES
PRÉPARATION : 15 min
CUISSON : 30 min

- 600 g de cerises noires
- 40 cl de lait entier pasteurisé
- 2 gousses de vanille
- 4 œufs
- 100 g de sucre semoule
- 100 g de farine
- 40 g de beurre
- 60 g d'amandes effilées
- 1 cuill. à soupe de sucre cristallisé ou de sucre glace
- 1 pincée de sel

Lavez, équeutez puis dénoyautez les cerises. Réservez-les au réfrigérateur.

Préchauffez le four à 180 °C (therm. 6). Portez à ébullition le lait avec les 2 gousses de vanille fendues. Ensuite couvrez et laissez la vanille infuser hors du feu pendant 15 minutes.

Fouettez les œufs avec le sucre semoule jusqu'à ce que le mélange blanchisse et devienne mousseux puis ajoutez la farine et le sel. Ôtez les gousses de vanille du lait puis versez ce dernier sur le mélange aux œufs. Vous obtenez une pâte fluide, proche de la pâte à crêpes.

Beurrez généreusement un plat rond de 22 cm de diamètre. Versez la pâte vanillée, ajoutez les cerises dénoyautées puis les amandes effilées et enfournez pendant 30 minutes.

Lorsque le clafoutis est cuit, sortez-le du four et saupoudrez-le de sucre glace ou de sucre cristallisé avant de le déguster encore tiède.

> Conseil d'amie
La tradition voudrait que l'on laisse les noyaux de ces belles cerises, car ils donnent au clafoutis une saveur supplémentaire. Certes… mais il n'est alors pas très aisé de goûter et savourer ce doux dessert lorsqu'il faut sans cesse cracher les noyaux. Si vous aimez cette saveur de noyau, ajoutez dans la pâte un peu d'extrait d'amande amère.

Un dessert simple et délicat à goûter dans la chaleur des premières belles nuits d'été

Soupe de cerises à la verveine citron et glace à la verveine citron

POUR 4 PERSONNES
PRÉPARATION : 20 min
CUISSON : 10 min
TURBINAGE : 20 à 30 min

- 500 g de cerises fermes
- 10 feuilles de verveine citron
- 20 cl d'eau
- 50 g de sucre

POUR LA GLACE
- 1 bouquet de verveine citron
- 50 cl de lait entier
- 6 jaunes d'œuf
- 50 g de sucre semoule

Préparez la soupe de cerises. Lavez, séchez, équeutez et dénoyautez les cerises. Lavez les feuilles de verveine. Portez à ébullition l'eau et le sucre puis, hors du feu, ajoutez la verveine. Versez ce sirop sur les cerises dénoyautées, couvrez et laissez refroidir.

Préparez la crème pour la glace. Lavez puis séchez le bouquet de verveine. Portez le lait à ébullition puis, hors du feu, ajoutez la verveine. Couvrez et laissez infuser 15 minutes. Fouettez les jaunes d'œuf avec le sucre semoule jusqu'à ce que le mélange blanchisse puis versez le lait chaud en le filtrant. Laissez cuire ce mélange à feu très doux, sans jamais cesser de le remuer, jusqu'à ce qu'il épaississe et nappe la cuillère. Versez-le alors immédiatement dans un saladier et fouettez-le pour qu'il refroidisse. Ensuite réservez-le au réfrigérateur.

Versez cette crème anglaise parfumée à la verveine dans la turbine à glace ou la sorbetière. Turbinez de 20 à 30 minutes.

Servez la soupe de cerises rafraîchie avec la glace juste turbinée.

> Conseil d'amie
La crème anglaise peut être préparée la veille, elle n'en sera que meilleure. Il est par contre conseillé de la turbiner juste au dernier moment, de manière à lui garder une texture onctueuse. Si vous n'avez ni turbine, ni sorbetière, achetez un sorbet au citron de bonne qualité.

> Un peu de technique
Pour être certain de réussir une crème anglaise, utilisez un thermomètre. Remuez sans cesse le mélange pendant qu'il cuit et, lorsqu'il atteint 83 °C, versez-le dans un saladier.

Une recette terre, mer et verger...

Filet de bar rôti, pommes de terre grenailles et cerises au thym citron

POUR 4 PERSONNES
PRÉPARATION : 15 min
CUISSON : 30 min

- 4 filets de bar de ligne écaillés de 150 g chacun
- 400 g de pommes de terre grenailles
- 70 g de beurre salé
- 300 g de cerises acidulées
- 4 brins de thym citron
- 4 cuill. à soupe d'huile d'olive
- 6 pincées de piment d'Espelette
- 1 cuill. à soupe de vinaigre balsamique
- sel et poivre du moulin

Lavez et séchez soigneusement les filets de bar. Lavez et frottez avec du gros sel les pommes de terre grenailles pour enlever leur peau fine.

Ensuite faites fondre le beurre salé dans une cocotte, ajoutez les petites pommes de terre, laissez-les dorer 5 minutes, salez, poivrez, puis couvrez et poursuivez leur cuisson pendant 15 minutes à feu doux en remuant régulièrement la cocotte pour rouler les pommes de terre grenailles dans le beurre chaud.

Lavez, équeutez et dénoyautez les cerises. Lavez, séchez et effeuillez le thym citron. Chauffez 2 cuillerées à soupe d'huile d'olive dans une poêle antiadhésive. Ajoutez les cerises et faites-les cuire à feu vif pendant 4 minutes en remuant la poêle. En fin de cuisson, parsemez les fruits de thym citron, de 2 pincées de piment d'Espelette et ajoutez le vinaigre balsamique. Couvrez et gardez au chaud.

Chauffez l'huile d'olive restante dans une seconde poêle et saisissez-y les filets de bar en commençant par le côté peau pendant 3 minutes. Salez, pimentez puis retournez-les et prolongez la cuisson pendant 3 minutes. Salez et pimentez à nouveau.

Servez les filets de bar à la peau croustillante avec les cerises au thym et les pommes de terre grenailles. Arrosez le tout d'un dernier filet d'huile d'olive.

La pêche

Cette beauté divine, fruit préféré du Roi-Soleil qui en possédait plus d'une trentaine de variétés dans son verger de Versailles, sensuelle, généreuse, charnue, tendre, sucrée, parfumée et fragile, ne supporte aucune indélicatesse. Elle ne doit être transportée, puis dégustée, qu'avec respect, douceur et précaution.

Certains la dévorent à pleines dents, sans même la déshabiller, sans lui ôter cette peau duveteuse qui en gêne tant d'autres. Ceux-là même qui, munis d'un couteau et d'une fourchette à fruit, la pèlent dans les règles de l'art, avant de la savourer, quartier après quartier.

Si l'on devait élire ici le fruit le plus voluptueux de la création, je crois que la divine pêche serait notre miss. Difficile de résister à ses charmes…

Alors goûtez la première nature et mûre à point. Puis faites rôtir la seconde avec du thym parfumé, pochez la troisième dans un vin moelleux, mariez la quatrième avec une belle crème Chantilly.

Laissez-vous aller. Et, n'oubliez pas, soyez délicat…

À la belle saison, parsemez ces pêches délicates de fleurs de romarin fraîchement cueillies.

Pêches pochées au vin moelleux et au romarin

POUR 4 PERSONNES
PRÉPARATION : 10 min
CUISSON : 20 min

- 1 cuill. à café de feuilles de romarin
- 75 cl de vin blanc moelleux type monbazillac
- 100 g de cassonade
- 4 belles pêches blanches
- le jus de 1/2 citron

Lavez et séchez le romarin. Ensuite portez le vin à ébullition avec la cassonade et le romarin. Lorsque la cassonade a entièrement fondu dans le vin, laissez cuire 10 minutes à feu très doux, et préparez les fruits.

Pelez délicatement les pêches en les arrosant au fur et à mesure de jus de citron pour qu'elles ne s'oxydent pas. Plongez-les au fur et à mesure dans le vin brûlant. Laissez frémir, couvrez d'un linge et poursuivez la cuisson pendant 10 minutes. Ensuite laissez refroidir puis réservez au réfrigérateur.

Gardez les pêches dans le vin parfumé jusqu'au moment de les servir. Servez-les très fraîches, généreusement arrosées de vin au romarin.

Vous pouvez aussi dénoyauter les fruits puis les mixer finement avec le vin (débarrassé de son romarin) et servir cette boisson très fraîche et très parfumée en guise d'apéritif.

> Conseil d'amie
Choisissez une casserole dans laquelle les pêches seront à l'étroit et bien couvertes de vin.

Le thym dit « commun » est parfait pour cette recette. Mais il peut aussi être remplacé par de la sarriette.

Pêches rôties et glace au thym

POUR 4 PERSONNES
PRÉPARATION : 10 min
CUISSON : 10 min
TURBINAGE : 20 à 30 min

- 4 belles pêches
- 40 g de beurre
- 4 cuill. à soupe de cassonade
- 1/2 cuill. à café de thym frais effeuillé et lavé

POUR LA CRÈME ANGLAISE AU THYM

- 12 brins de thym frais
- 25 cl de lait entier pasteurisé
- 25 cl de crème liquide
- 4 jaunes d'œuf
- 50 g de cassonade

Préparez la crème anglaise au thym pour la glace. Lavez et séchez le thym frais. Portez à ébullition le lait et la crème liquide puis couvrez et faites-y infuser le thym, hors du feu, pendant 15 minutes. Fouettez les jaunes d'œuf avec la cassonade. Ajoutez le lait parfumé après en avoir ôté le thym. Cuisez à nouveau ce mélange doucement sans jamais cesser de le remuer jusqu'à ce qu'il épaississe et nappe la cuillère. Versez-le alors dans une jatte et fouettez-le quelques minutes pour qu'il refroidisse.

Lorsque la crème anglaise au thym est bien froide, mettez-la dans une sorbetière pendant 20 à 30 minutes.

Lavez puis essuyez les pêches. Coupez-les ensuite en deux et ôtez leurs noyaux. Faites fondre le beurre dans une poêle antiadhésive. Lorsqu'il mousse, déposez-y les demi-pêches. Saupoudrez-les de cassonade, parsemez-les de thym frais et faites-les rôtir 6 minutes en les retournant délicatement à mi cuisson.

Servez les pêches rôties avec la glace au thym tout juste turbinée.

> Conseil d'amie
Préparez la crème anglaise au thym 48 heures à l'avance, elle n'en sera que meilleure. Turbinez-la au dernier moment pour qu'elle soit onctueusement glacée !

> Conseil pratique
Il y a souvent de la terre sur le thym frais. Pour le laver, n'hésitez pas à le passer sous l'eau à plusieurs reprises.

Dans la recette originale, créée tout spécialement par Auguste Escoffier pour la cantatrice Nelly Melba, il n'y avait pas de chantilly. Mais, gourmande, je n'ai pas pu résister à la tentation...

Vraies pêches Melba

POUR 4 PERSONNES
PRÉPARATION : 30 min
CUISSON : 15 min

- 1 l d'eau
- 500 g de sucre
- 1 gousse de vanille
- 4 belles pêches jaunes ou blanches
- le jus de 1 citron
- 20 cl de crème liquide bien froide
- 2 sachets de sucre vanillé
- 250 g de framboises
- 60 g d'amandes effilées
- 50 cl de glace à la vanille

Préparez le sirop vanillé. Portez l'eau à ébullition avec le sucre et la gousse de vanille fendue pendant 10 minutes.

Portez une seconde casserole d'eau à ébullition. Coupez en deux les pêches, dénoyautez-les, citronnez-les et plongez les 1 minute dans l'eau bouillante. Ensuite pelez-les rapidement et plongez-les aussitôt dans le sirop vanillé, préparé précédemment dans la première casserole. Faites frémir pendant 5 minutes puis laissez refroidir. Gardez les pêches dans leur sirop jusqu'au moment de les servir.

Préparez la crème Chantilly. Fouettez la crème liquide au batteur électrique pour la monter en chantilly bien ferme, en ajoutant au fur et à mesure le sucre vanillé. Réservez au réfrigérateur.

Au moment de servir, mixez finement les framboises avec quelques gouttes de jus de citron et 3 cuillerées à soupe du sirop des pêches. Grillez à sec les amandes effilées.

Disposez dans de larges verres les demi-pêches au sirop égouttées, ajoutez la glace à la vanille, le coulis de framboises et la crème Chantilly. Parsemez d'amandes grillées et servez sans attendre.

> Conseil d'amie
Il est souvent difficile de peler une pêche sans l'abîmer. C'est pourquoi je les plonge 1 minute dans l'eau bouillante. La peau se décolle alors très aisément. Je les coupe en deux avant de les ébouillanter, car il est plus difficile de les partager et de les décoller de leur noyau une fois pelées et glissantes..

Pour cette recette, les pêches ne doivent pas être trop mûres, afin de tenir sur les pics à brochette durant leur cuisson.

Brochettes de lotte et coulis de pêches au safran

POUR 4 PERSONNES
PRÉPARATION : 15 min
CUISSON : 10 min

- 6 pêches
- le jus de 1 citron
- 500 g de lotte
- 4 cuill. à soupe d'huile d'olive
- 1 dosette de safran
- sel et piment d'Espelette

Coupez en deux 4 pêches puis dénoyautez-les, pelez-les et coupez-les en quartiers. Arrosez-les ensuite de quelques gouttes de jus de citron pour éviter qu'elles s'oxydent. Coupez la lotte en petites bouchées.

Préparez des mini-brochettes, comme des yakitoris japonais, sur des petits pics en bambou, en intercalant des morceaux de lotte et des quartiers de pêche. Arrosez-les de 1 cuillerée à soupe d'huile d'olive. Salez, pimentez, parfumez avec 1/2 dosette de safran et réservez au réfrigérateur.

Pelez et dénoyautez les 2 pêches restantes en les arrosant de quelques gouttes de jus de citron. Ensuite mixez-les finement avec 1 cuillerée à soupe d'huile d'olive et le safran restant. Versez ce coulis dans une petite casserole et chauffez-le doucement pendant 5 minutes.

Chauffez les 2 dernières cuillerées d'huile d'olive dans une poêle antiadhésive puis placez-y les petites brochettes. Saisissez-les 3 minutes de chaque côté et servez-les, sans attendre, avec le coulis de pêches safrané.

L'abricot

Absolument succulents,
Bigrement provocants,
Redoutablement pulpeux,
Incroyablement généreux,
Complètement irrésistibles,
Ostensiblement délectables et
Terriblement savoureux...

Tels sont les abricots lorsqu'ils ont la chance de pousser tranquillement sous les rayons chauds du soleil, d'y mûrir tout aussi paisiblement et d'être cueillis, à point, avec délicatesse. Car ces si jolis fruits, contrairement aux poires, ne peuvent quitter leur arbre qu'en pleine force de l'âge. Cueillis verts, ils ne mûrissent plus et deviennent ces petits navets duveteux orange, durs, sans saveur et sans jus qui inondent nos marchés et nous font oublier leur sublime saveur originelle, à nulle autre pareille. Alors soyez vigilant, goûtez ces beaux fruits avant de les acheter et, s'ils sont juteux et parfumés à souhait, vous pourrez les transformer en divines confitures, les compoter amoureusement, à moins que vous ne les fassiez rôtir délicatement, avec quelques fleurs de lavande.

Réaliser cette recette est presque aussi simple que de mordre dans un bel abricot.

Abricots rôtis à la lavande

POUR 4 PERSONNES
PRÉPARATION : 10 min
CUISSON : 7 min

- 8 beaux abricots
- 4 cuill. à soupe d'huile d'olive
- 2 cuill. à soupe de miel
- 1 cuill. à café de fleurs de lavande

Lavez et séchez les abricots. Ensuite fendez-les en deux pour ôter leurs noyaux.

Chauffez l'huile d'olive dans la poêle puis posez les abricots, côté chair, dans l'huile d'olive. Laissez-les dorer 2 minutes à feu modéré puis retournez-les délicatement et arrosez-les de miel et de fleurs de lavande. Poursuivez leur cuisson pendant 5 minutes, en les retournant une dernière fois doucement dans la poêle, et servez-les aussitôt, nature ou avec une généreuse boule de glace aux calissons ou au lait d'amande.

> Conseil d'amie
Pour cette recette, choisissez des abricots de très belle qualité, charnus, juteux, mais pas trop mûrs, de manière à ce qu'ils se tiennent à la cuisson.

> Pour varier
Si vous n'aimez pas la lavande, remplacez-la par quelques brins de romarin ou de thym frais.

Une recette idéale lorsqu'il vous reste des abricots un peu trop mûrs, toujours délicieux, mais plus tellement présentables…

Compote d'abricots secs et frais à l'anis et chantilly à l'anis

POUR 4 PERSONNES
PRÉPARATION : 10 min
CUISSON : 35 min
RÉFRIGÉRATION : 30 min

- 500 g d'abricots bien mûrs
- le jus de 1 citron
- 300 g de cassonade
- 2 fleurs d'anis étoilé
- 200 g d'abricots secs
- 15 cl de crème liquide
- 1/2 cuill. à moka d'anis en poudre

Placez au congélateur les fouets du batteur et un saladier. Gardez la crème liquide au réfrigérateur.

Lavez, séchez puis fendez en deux les abricots. Arrosez-les de jus de citron, saupoudrez-les de toute la cassonade, ajoutez les fleurs d'anis étoilé et réservez-les au réfrigérateur 30 minutes, couverts d'un film alimentaire.

Cassez les noyaux des abricots et gardez les amandons. Portez à ébullition une petite casserole d'eau, plongez-y les amandons 2 minutes puis refroidissez-les sous l'eau fraîche avant de les peler.

Versez les abricots, la cassonade (transformée pour partie en sirop) et les fleurs d'anis réservés précédemment dans une casserole. Ajoutez les abricots secs, les amandons pelés et portez à ébullition. Ensuite baissez l'intensité du feu et laissez frémir pendant 30 minutes.

Fouettez, dans le saladier sorti du réfrigérateur, la crème liquide en chantilly en la parfumant d'anis en poudre. Servez la compote encore tiède ou froide avec la crème Chantilly à l'anis.

> Conseil d'amie
Vous aspirez à un dessert un peu plus léger ? Remplacez la crème Chantilly par une cuillerée de fromage blanc à 20 % de matières grasses.

> Pour varier
Vous n'aimez pas l'anis ? Remplacez-le par une gousse de vanille dans la compote et quelques gouttes d'extrait de vanille dans la chantilly.

Chez ma grand-mère et plus tard chez mes parents, nous nous disputions les amandons d'abricots. Celui qui avait la chance d'ouvrir le pot le premier avait souvent aussi celle de les manger tous...

Confiture d'abricots aux amandons d'abricots

POUR 3 POTS DE 250 G CHACUN
PRÉPARATION : 20 min
CUISSON : 30 à 40 min environ
MACÉRATION : 2 h
REPOS : 8 h

- 1,2 kg d'abricots soit environ 1 kg de fruits dénoyautés
- 700 g de sucre en poudre
- le jus de 2 citrons

Lavez, séchez puis séparez les deux oreillons des abricots. Gardez les noyaux. Posez les abricots en couches dans un grand saladier, en les couvrant entre chaque couche de sucre en poudre, et en les arrosant de jus de citron. Posez un film sur le saladier et laissez macérer 2 heures dans un endroit frais. Les abricots vont rendre du jus qui va se mélanger avec le sucre.

Pendant ce temps, cassez les noyaux délicatement pour récupérer les amandons (entiers...). Plongez ces derniers 2 minutes dans une casserole d'eau portée à ébullition puis refroidissez-les sous l'eau fraîche et pelez-les.

Mélangez les abricots macérés avec le sucre et le jus puis versez-les dans une bassine à confiture ou un fait-tout à fond épais. Portez à ébullition en écumant régulièrement pendant 10 minutes. Versez ensuite le contenu de la bassine à confiture dans une grande jatte, couvrez et laissez reposer une nuit, soit environ 8 heures.

Le lendemain, posez une petite assiette dans le réfrigérateur. Elle vous servira à vérifier la nappe de la confiture, c'est-à-dire sa cuisson. Versez le contenu de la jatte dans la bassine, en retirant les oreillons d'abricots (égouttés au-dessus de la bassine). Portez le sirop à ébullition 15 minutes puis plongez à nouveau les abricots dans le sirop chaud, ajoutez les amandons et poursuivez la cuisson de 5 à 10 minutes. Vérifiez alors la nappe : versez un peu de confiture sur l'assiette refroidie, elle doit avoir épaissi et se figer sur l'assiette. Si tel n'est pas le cas, poursuivez la cuisson, en ne la quittant pas des yeux, et réitérez l'expérience.

Lorsque la confiture vous semble « à point », versez-la dans des pots propres et secs. Couvrez, à chaud, si vos pots sont munis de couvercles. Patientez et laissez la confiture refroidir avant de la couvrir de paraffine ou de papier à confiture, si vous possédez des pots anciens.

> Conseil d'amie
Si une confiture manque de cuisson, elle peut toujours être recuite.

Un petit dessert tout doux, pour tous ceux qui sont restés de grands enfants.

Semoule au lait, abricots secs et coulis d'abricots frais

POUR 4 PERSONNES
PRÉPARATION : 15 min
CUISSON : 5 min

- 150 g d'abricots « secs moelleux »
- 1 l de lait entier pasteurisé
- 50 g de cassonade
- 100 g de semoule de blé dur
- 1/2 cuill. à café d'extrait d'amande amère

POUR LE COULIS D'ABRICOTS FRAIS

- 300 g d'abricots bien mûrs
- 4 cuill. à soupe de miel liquide
- le jus de 1/2 citron

Coupez les abricots « secs moelleux » en petits morceaux. Portez le lait à ébullition avec la cassonade. Ensuite versez la semoule en pluie dans le lait bouillant, ajoutez les petits morceaux d'abricots secs, l'extrait d'amande amère et poursuivez la cuisson à feu doux, pendant 5 minutes, jusqu'à ce que la semoule épaississe.

Répartissez alors la semoule aux abricots secs dans des verres, en prenant soin de garder un espace pour le coulis, et laissez-la refroidir.

Préparez le coulis d'abricots. Lavez, séchez, dénoyautez puis mixez les abricots bien mûrs avec le miel et le jus du demi-citron. Couvrez la surface de la semoule de coulis d'abricots au miel et réservez au réfrigérateur.

> Pour varier

Si le cœur vous en dit, procédez « à l'envers ». Préparez le coulis d'abricots, répartissez-le dans les verres puis versez la semoule aux abricots secs. Parsemez d'amandes effilées grillées.

Pour que les abricots tiennent sur les pics à brochette, il ne faut pas les choisir trop mûrs. Cela ne doit pas les empêcher d'être très parfumés.

Magrets de canard en brochettes et abricots dorés au miel

POUR 4 PERSONNES
PRÉPARATION : 15 min
CUISSON : 6 min
MARINADE : 30 min

- 2 magrets de canard
- 1 gousse d'ail
- 2 cm de gingembre frais
- 4 cuill. à soupe de miel
- 2 cuill. à soupe de sauce soja japonaise
- 2 cuill. à soupe de sésame
- 8 petits abricots
- sel et poivre du moulin

Dégraissez un peu les magrets de canard puis coupez chacun d'eux en douze morceaux. Pelez et hachez finement l'ail et le gingembre. Mélangez 3 cuillerées à soupe de miel avec 2 cuillerées à soupe de sauce soja, 1 cuillerée à soupe de sésame, l'ail et le gingembre. Salez légèrement (la sauce soja étant déjà salée) et poivrez. Versez cette sauce sur les magrets émincés et laissez-les mariner 30 minutes au réfrigérateur.

Ensuite, coupez les abricots en quartiers. Enrobez-les du miel restant et parsemez-les de sésame.

Piquez sur des pics en bambou les morceaux de canard en les intercalant avec les quartiers d'abricot. Arrosez de marinade et posez sous le gril du four 3 minutes de chaque côté.

Servez ces petites brochettes avec un mélange de trois riz, cuit avec des oignons nouveaux et des raisins secs, ou avec une compote d'abricots non sucrée.

Le brugnon et la nectarine

On pourrait presque dire que brugnon et nectarine sont deux synonymes. Tous deux sont issus d'une variété de pêcher, tous deux sont, en fait, des pêches à peau lisse.

Mais qu'est-ce qui les différencie alors ? Eh bien, c'est à l'intérieur que les choses se passent car le brugnon possède un noyau adhérent, tandis que la nectarine, elle, possède un noyau libre. Pour le reste, ils sont tellement semblables que leur aspect extérieur ne permet pas de les distinguer. Tous deux peuvent être blancs ou jaunes, tous deux ont une saveur un peu plus acidulée que celle de la pêche.

Pourquoi les aimer tant alors ? Parce qu'ils ne sont justement pas couverts de cette peau duveteuse, que beaucoup d'entre nous n'apprécient guère, et que, du coup, ils peuvent être croqués à pleines dents, comme tout bon fruit qui se respecte.

À moins de les « bichonner » un peu et de les transformer, d'un coup de baguette de cuisinier, en divine tarte, trifle, milk-shake ou autres frais tartares.

Cette tarte sablée est aussi bonne tiède que froide et se déguste nature ou accompagnée d'une glace au lait d'amande.

Tarte d'Alice aux brugnons

POUR 4 À 6 PERSONNES
PRÉPARATION : 15 min
CUISSON : 30 min

- 4 gros brugnons
- 3 cuill. à soupe de sucre roux

POUR LA PÂTE

- 120 g de beurre salé
- 150 g de farine
- 1/2 sachet de levure chimique
- 30 g de fécule de maïs
- 1 œuf

Préchauffez le four à 210 °C (therm. 7).

Préparez la pâte. Faites fondre le beurre à feu doux. Tamisez ensemble la farine, la levure et la fécule de maïs. Ensuite ajoutez l'œuf et mélangez énergiquement pour obtenir une consistance sableuse. Laissez refroidir le beurre pendant 3 minutes puis versez-le sur la préparation précédente. Travaillez rapidement la pâte et formez une boule. Étalez cette pâte du bout des doigts dans un moule d'environ 26 cm de diamètre.

Lavez puis dénoyautez et tranchez en fins quartiers les brugnons. Disposez harmonieusement les quartiers de fruits sur la pâte, saupoudrez de sucre roux et enfournez pour 30 minutes.

Sortez la tarte du four lorsqu'elle est bien dorée. En cuisant, les brugnons vont libérer du jus qui va caraméliser.

> Conseil d'amie

Si les brugnons ne sont pas très parfumés, arrosez-les de jus de citron, saupoudrez-les de sucre roux et faites-les macérer 15 minutes avant de les poser sur la pâte.

Un dessert de rêve, qui ne nécessite qu'un peu d'organisation.

Trifle aux brugnons et spéculos

POUR 4 PERSONNES
PRÉPARATION : 20 min
CUISSON : 10 min

- 3 brugnons jaunes
- 20 g de sucre en poudre
- 1 cuill. à café de rhum blanc
- 40 g de noisettes concassées
- 20 cl de crème fraîche liquide
- 8 spéculos

POUR LA CRÈME ANGLAISE

- 50 cl de lait entier pasteurisé
- 1 gousse de vanille
- 4 jaunes d'œuf
- 40 g de sucre en poudre

Préparez la crème anglaise. Portez le lait à ébullition avec la gousse de vanille fendue. Ensuite, hors du feu, couvrez et laissez infuser 10 minutes. Fouettez les jaunes d'œuf avec 40 g de sucre jusqu'à ce que le mélange blanchisse puis versez le lait vanillé. Faites cuire ce mélange à feu très doux pendant environ 10 minutes, sans jamais cesser de le remuer. Lorsqu'il épaissit, versez-le dans une jatte et fouettez-le pendant 2 minutes pour qu'il refroidisse.

Lavez, dénoyautez et coupez en petits dés les brugnons. Ensuite saupoudrez-les de 20 g de sucre et arrosez-les de rhum. Grillez à sec les noisettes concassées. Fouettez la crème liquide au batteur électrique et montez-la en chantilly bien ferme.

Écrasez les spéculos, puis répartissez-les dans quatre coupes ou quatre verres. Ajoutez ensuite les brugnons macérés dans le rhum, la crème anglaise vanillée puis la crème Chantilly.

Réservez au réfrigérateur. Au moment de servir, parsemez de noisettes concassées grillées.

> Conseils d'amie
Préparez la crème anglaise 48 heures à l'avance, elle n'en sera que plus parfumée.

Vous avez un thermomètre ? Faites cuire la crème anglaise, à feu doux, sans cesser de la remuer jusqu'à ce qu'elle atteigne 83 °C (avec l'inertie, elle gagne encore 1 ou 2 degrés). À cette température, la texture est idéale. Au-delà, les jaunes d'œuf commencent à coaguler et la crème est grumeleuse. Si tel était le cas, passez-la immédiatement au travers d'un tamis fin puis fouettez-la vivement pour la refroidir rapidement.

Pour les ados gourmands et gourmets.

Milk-shake aux nectarines, glace vanille et gingembre

POUR 4 PERSONNES
PRÉPARATION : 10 min

- 4 nectarines bien mûres
- 20 g de gingembre confit
- 4 boules de glace à la vanille
- 4 pincées de cannelle

Placez exceptionnellement les nectarines au réfrigérateur pour les rafraîchir, pendant 1 heure. Ensuite lavez-les, pelez-les, dénoyautez-les et coupez-les en quartiers. Détaillez le gingembre confit en petits morceaux.

Mixez les fruits avec le gingembre et la glace à la vanille, pendant 3 minutes, jusqu'à ce que le milk-shake devienne mousseux et lisse.

Servez aussitôt avec un peu de cannelle en poudre.

> Conseil d'amie
Vous ne trouvez pas de gingembre confit ? Remplacez-le par 1 cuillerée à café de gingembre en poudre.

> Pour varier
Une autre recette consiste à mixer les nectarines avec 25 cl de lait et le gingembre, puis à déposer une boule de glace dans chaque verre au moment de servir.

Pour cette recette, la qualité du poisson a autant d'importance que celle des fruits. Choisissez du bar sauvage d'une très grande fraîcheur, de ligne plutôt que de chalut. Sa chair est plus ferme et plus goûteuse.

Tartare de bar et brugnon au basilic

POUR 4 PERSONNES
PRÉPARATION : 15 min

- 400 g de bar en filet ultra-frais sans peau
- 12 feuilles de basilic
- 2 gros brugnons
- le jus de 1/2 citron vert
- 4 cuill. à soupe d'huile d'olive
- fleur de sel et poivres mélangés du moulin

Passez rapidement les filets de bar sous l'eau fraîche, puis séchez-les dans un linge propre. Ensuite détaillez-les en dés d'environ 1,5 cm de côté. Réservez au réfrigérateur.

Lavez et séchez les feuilles de basilic.

Lavez, dénoyautez et coupez les brugnons en plus petits dés que les dés de bar, ou en lamelles très fines. Mélangez délicatement le bar et les fruits en les arrosant de jus de citron. Salez, poivrez de 1 tour de moulin et arrosez d'huile d'olive.

Disposez les feuilles de basilic ciselées sur le tartare, et servez aussitôt, avec des tranches fines de pain de campagne grillées.

> Pour s'organiser
Vous pouvez préparer le bar quelques heures à l'avance et le garder, nature, au réfrigérateur. Mélangez-le avec les fruits et l'assaisonnement juste avant de le déguster.

La prune

« Attention, Valérie, ne mange pas trop de prunes, tu vas être malade», me disait ma grand-mère lorsqu'elle me trouvait, perchée sur l'escabeau, boulottant toutes les prunes à ma portée, encore chaudes sous le soleil.

Je faisais fi de ses mises en garde et me gavais de reines-claudes, juteuses et sucrées, au prix de quelques maux de ventre, j'en conviens, ce qui ne m'empêchait pas de recommencer dès le lendemain, et ce tant que ce beau vieil arbre nous offrait ses fruits généreux.

Car cueillir une prune à maturité, dans un verger, procure un plaisir inégalé. L'été commence à quitter les lieux, les étourneaux et les merles se gavent de fruits, le soleil est moins ardent, l'automne s'annonce en douceur. Et nous goûtons au charme de ces journées déjà raccourcies, en mangeant ces reines-claudes, quetsches, mirabelles, et petites prunes sans nom, sucrées, tellement sucrées qu'elles ont déjà la saveur d'un gâteau ou d'une tarte sablée.

Le gâteau du goûter par excellence, nourrissant et réconfortant.

Gâteau manqué aux prunes

POUR 4 À 6 PERSONNES
PRÉPARATION : 15 min
CUISSON : 40 min

- 400 g de prunes
- 4 œufs
- 170 g de beurre mou
- 1 cuill. à soupe de crème fraîche
- 180 g de sucre roux
- 150 g de farine
- 1 pincée de sel

Lavez, séchez puis dénoyautez les prunes en les coupant en deux. Préchauffez le four à 180 °C (therm. 6).

Cassez les œufs en séparant les blancs des jaunes. Travaillez 150 g de beurre dans une jatte pour le rendre crémeux. Ensuite ajoutez la crème fraîche, puis, un à un, les jaunes d'œuf, et 150 g de sucre roux. Fouettez énergiquement le mélange pendant 10 minutes pour qu'il blanchisse et devienne mousseux.

Salez puis montez les blancs d'œuf en neige ferme. Incorporez-les délicatement au mélange précédent, en soulevant la préparation et en ajoutant au fur et à mesure la farine.

Beurrez un moule à manqué de 22 cm de diamètre, saupoudrez-le de 20 g de sucre roux puis versez-y la pâte. Ajoutez alors les demi-prunes dénoyautées, saupoudrez du sucre restant et enfournez. Faites cuire le gâteau 40 minutes dans le four chaud.

Servez tiède ou froid. Ce gâteau est meilleur lorsqu'il n'est pas trop cuit, et encore un peu humide.

> Conseil d'amie
Toutes les prunes conviennent à cette recette. Elles ne doivent pas être trop mûres, pour garder un peu d'acidité et se tenir pendant la cuisson.

Si vous êtes courageux, cassez délicatement la moitié des noyaux des prunes, recueillez les amandons, ébouillantez-les pour les monder puis déposez-les sur les prunes avant d'enfourner.

Tarte aux quetsches

POUR 4 À 6 PERSONNES
PRÉPARATION : 20 min
CUISSON : 30 à 40 min

- 500 g de quetsches
- 80 g de noisettes en poudre
- 50 g de cassonade
- 130 g de beurre salé

POUR LA PÂTE

- 200 g de farine complète
- 20 g de cassonade
- 100 g de beurre salé
- 3 cl d'eau
- 1 pincée de sel

Préchauffez le four à 210 °C (therm. 7). Lavez, séchez, coupez en deux et dénoyautez les quetsches.

Préparez la pâte. Mélangez la farine, 20 g de cassonade, le sel et 100 g de beurre bien froid coupé en petits morceaux. Sablez le mélange entre les paumes de vos mains puis versez 3 cl d'eau froide et formez rapidement une boule. Écrasez cette boule deux fois de la paume de la main puis reformez-la et étalez-la au rouleau. Foncez-en un plat à tarte de 24 cm de diamètre. Piquez le fond de quelques coups de fourchette.

Couvrez ce fond de tarte de noisettes en poudre puis posez les demi-quetsches, côté peau contre la pâte. Parsemez-les du reste de cassonade et de beurre coupé en tout petits morceaux et enfournez pendant 30 à 40 minutes.

Lorsque la pâte est bien dorée, sortez la tarte du four et laissez-la tiédir avant de la dévorer.

> Conseils d'amie

Les moules transparents sont très pratiques, car ils permettent de contrôler la cuisson de la tarte. Souvent les bords sont bien colorés mais le fond n'est pas assez cuit…

Quel que soit le moule, utilisez une source de chaleur venant du bas du four et éventuellement du haut (qui fera dorer la tarte). La pâte doit être saisie et cuire par-dessous, c'est pourquoi la chaleur tournante, comme unique source de chaleur du four, n'est pas recommandée pour la cuisson d'une tarte.

Cette recette est inspirée du magnifique far aux pruneaux de ma tante Janie.

Far aux mirabelles et aux pruneaux

POUR 4 À 6 PERSONNES
PRÉPARATION : 15 min
CUISSON : 30 min

- 10 mirabelles
- 6 pruneaux
- 5 œufs
- 75 g de sucre
- 100 g de farine
- 60 cl de lait entier
- 1 cuill. à soupe de rhum brun
- 50 g de beurre salé

Préchauffez le four à 150 °C (therm. 5). Lavez puis dénoyautez les mirabelles. Fendez en deux puis dénoyautez les pruneaux.

Cassez les œufs dans une grande jatte et fouettez-les avec le sucre. Ajoutez petit à petit la farine et versez ensuite le lait et le rhum pour obtenir une pâte fluide comme une pâte à crêpes.

Beurrez généreusement un plat en terre ou en Pyrex de taille moyenne (environ 17 cm sur 30 cm). Versez la pâte dans le moule puis posez les mirabelles et les pruneaux et enfournez. Patientez 5 minutes puis augmentez la température du four à 210 °C (therm. 7). Poursuivez la cuisson pendant 25 minutes environ.

Lorsque le far est doré, éteignez le four et laissez-le refroidir, dans le four, porte ouverte. Servez dans le plat de cuisson.

> Conseil d'amie
Si vous faites tremper les pruneaux toute une nuit dans le rhum brun, le far sera encore plus parfumé.

Ce chutney se garde un mois au réfrigérateur et se déguste, sur le pouce, avec une terrine de foie de volaille, un rôti de porc froid, un magret de canard fumé, une tranche de foie gras et, même, un beau morceau de camembert bien crémeux.

Chutney de prunes au gingembre

POUR 1 POT DE CHUTNEY
PRÉPARATION : 15 min
CUISSON : 30 min

- 500 g de reines-claudes encore bien fermes
- 2 échalotes
- 2 cm de gingembre frais
- 1 gousse de cardamome
- 10 cl de vinaigre de xérès
- 100 g de cassonade
- 100 g de raisins secs
- 1/2 cuill. à café de piment d'Espelette
- 1 bonne pincée de quatre-épices

Lavez, séchez, dénoyautez et coupez en quatre les reines-claudes. Pelez et émincez les échalotes. Pelez et hachez très finement le gingembre frais. Ouvrez la gousse de cardamome.

Portez le vinaigre à ébullition avec la cassonade, pendant environ 5 minutes. Lorsque la cassonade a fondu dans le liquide, ajoutez tous les autres ingrédients et poursuivez la cuisson à feu doux pendant 25 minutes jusqu'à l'obtention d'une consistance confite.

Versez encore chaud dans un pot et couvrez. Laissez refroidir et réservez au réfrigérateur.

> Conseil d'amie
Choisissez pour ce chutney des prunes manquant un peu de maturité.

Fruits rouges et baies

La fraise

Qu'on l'appelle gariguette, mara des bois, ciflorette ou cirafine, la fraise la plus délicate et la plus savoureuse reste, pour toujours, celle que l'on déguste encore chaude, couverte de terre, accroupi sous les rayons dardants du soleil. Celle que l'on découvre au détour d'un rang ordonné et qui nous fait de l'œil avec sa belle robe rouge foncé, Ou celle plus mutine, dite « des bois » , qui joue à cache-cache dans l'opulent et néanmoins délicat feuillage d'un joli fraisier sauvage.

Une bonne fraise est inoubliable. Mais il devient malheureusement, de nos jours, bien difficile d'en trouver une à la hauteur de sa réputation, et de nos espérances. Alors voici quelques petits conseils… À défaut d'avoir un jardin, achetez ces fruits fragiles à la bonne saison, à la fin du printemps, tout l'été et au début de l'automne. Et surtout, ne les gardez jamais au réfrigérateur, car ces petites natures y perdraient tout leur parfum.

Qu'un mille-feuille soit fait avec de la pâte feuilletée ou des feuilles de brick, il n'est bon que dévoré dans l'instant, juste après avoir été monté.

Mille-feuilles aux fraises et fraises des bois

POUR 4 MILLE-FEUILLES
PRÉPARATION : 30 min
CUISSON : 10 min

- 50 g de beurre
- 10 feuilles de brick
- 30 g de sucre semoule
- 20 petites fraises gariguettes
- 16 petites fraises des bois
- 1 cuill. à soupe de sucre glace

POUR LA CRÈME PÂTISSIÈRE LÉGÈRE

- 20 cl de crème liquide
- 50 cl de lait entier
- 1 gousse de vanille
- 4 jaunes d'œuf
- 70 g de sucre semoule
- 40 g de fécule de maïs

Préparez une crème pâtissière légère. Placez au congélateur les fouets du batteur et le saladier. Gardez la crème liquide au réfrigérateur. Portez le lait à ébullition avec la gousse de vanille fendue. Ensuite couvrez-le et, hors du feu, laissez infuser la vanille 15 minutes. Pendant ce temps fouettez les jaunes d'œuf avec 70 g de sucre et la fécule de maïs. Versez ensuite le lait chaud débarrassé de sa gousse de vanille, mélangez intimement puis faites cuire cette préparation à feu doux, sans cesser de la remuer, pendant 5 minutes, jusqu'à ce qu'elle épaississe. Versez-la ensuite dans un saladier, couvrez et laissez-la refroidir avant de la couvrir d'un film alimentaire et de la placer au réfrigérateur. Fouettez la crème liquide en chantilly, puis incorporez-la à la crème pâtissière vanillée totalement refroidie. Réservez au réfrigérateur.

Préparez les feuilles. Clarifiez le beurre : faites-le fondre tout doucement dans une petite casserole, écumez-le puis versez-le, tout aussi doucement, dans un bol, en veillant à ce que le petit-lait qui s'est déposé au fond de la casserole y reste. Préchauffez le four à 180 °C (therm. 6). Découpez dans les feuilles de brick 36 rectangles d'environ 8 cm sur 10 cm. Badigeonnez-les de beurre clarifié puis saupoudrez-les de sucre semoule avant de les poser délicatement sur la tôle du four garnie d'un papier sulfurisé. Faites cuire ces feuilles de brick de 3 à 5 min jusqu'à ce qu'elles soient bien dorées.

Lavez, équeutez et séchez avec soin les gariguettes et les fraises des bois. Mélangez-les intimement à la crème pâtissière légère réservée au réfrigérateur.

Sur chaque assiette, superposez 3 feuilles de brick croustillantes puis couvrez de crème aux fraises. À nouveau, posez 3 feuilles de brick et couvrez de crème aux fraises. Achevez les mille-feuilles par 3 feuilles de brick, saupoudrez de sucre glace et dégustez aussitôt.

> Conseil d'amie

Tout peut être préparé la veille. Seules les fraises seront à acheter et laver le jour même. Conservez les rectangles croustillants de feuilles de brick dans une boîte fermant hermétiquement pour qu'ils restent, justement, croustillants.

D'habitude on ne cuit pas les fraises sur une tarte, mais vous verrez, dans cette recette, c'est délicieux et délicat. Vous pouvez panacher en posant quelques fraises des bois parmi les maras.

Croustade aux fraises

POUR 4 PERSONNES
PRÉPARATION : 15 min
CUISSON : 30 min

- 400 g de petites fraises, type mara des bois
- 30 g de beurre
- 20 g de farine
- 1 abaisse de pâte feuilletée de 230 g
- 125 g de poudre d'amande
- 75 g de cassonade

Lavez rapidement et délicatement les fraises sous l'eau fraîche puis équeutez-les.

Préchauffez le four à 210 °C (therm. 7). Beurrez un moule à tarte de 20 cm de diamètre, farinez-le puis tapissez-le de pâte feuilletée. Faites une boule avec les chutes de pâte puis étalez-la. Placez pendant 5 minutes le moule tapissé de pâte et la pâte réétalée au réfrigérateur.

Mélangez la poudre d'amande avec la moitié de la cassonade. Sortez le moule du réfrigérateur, piquez le fond de tarte de quelques coups de fourchette puis couvrez-le de poudre d'amande sucrée. Posez par-dessus les fraises. De la pointe d'un couteau d'office, découpez des bandes de 3 mm de largeur, dans la pâte réétalée. Posez ces bandes sur les fraises pour quadriller harmonieusement la tarte, saupoudrez de la cassonade restante et enfournez pendant 30 minutes.

Lorsque la tarte est dorée, sortez-la du four et laissez-la tiédir avant de la déguster.

> Conseil d'amie
Bien sûr, vous pouvez manger cette tarte avec une glace… Dans ce cas, choisissez une glace au yaourt, fraîche et légère. Et surtout n'attendez pas trop longtemps pour la déguster.

Un dessert de dernière minute qui ne nécessite que peu d'ingrédients.

Poêlée de fraises au beurre salé, safran et glace au fromage blanc

POUR 4 PERSONNES
PRÉPARATION : 20 min
CUISSON : 6 min
TURBINAGE : 20 min

- 500 g de fraises fermes
- 60 g de beurre salé
- 1 dosette de filaments de safran
- 80 g de cassonade

POUR LA GLACE

- 500 g de fromage blanc à 40 % de M.G.
- 80 g de sucre semoule
- 2 cuill. à soupe d'eau de fleur d'oranger

Préparez la glace au fromage blanc. Mélangez le fromage blanc avec le sucre et l'eau de fleur d'oranger, laissez reposer 10 minutes puis turbinez dans une turbine à glace ou une sorbetière pendant 20 minutes. Lorsque la glace est prise, versez-la dans un saladier et réservez-la au congélateur.

Lavez, équeutez puis séchez délicatement les fraises. Faites fondre le beurre dans une poêle antiadhésive. Lorsqu'il mousse, ajoutez les filaments de safran. Patientez 2 minutes puis ajoutez les fraises et la cassonade. Faites cuire ces fruits rapidement 3 ou 4 minutes dans le beurre safrané et le sucre, à feu vif, en remuant sans cesse la poêle. Servez-les avec une généreuse cuillerée de glace au fromage blanc.

> Conseil d'amie

Préparez le mélange au fromage blanc à l'avance, réservez-le au réfrigérateur et turbinez-le à la dernière minute, il aura une texture parfaite. Si vous ne possédez pas de sorbetière, achetez une glace au yaourt ou, à défaut, une bonne glace à la vanille.

Une certaine idée estivale du tiramisu.

Tiramisu aux fraises et alcool de fraise

POUR 4 À 6 PERSONNES
PRÉPARATION : 20 min
RÉFRIGÉRATION : 3 h

- 400 g de fraises gariguettes
- 25 cl de crème liquide
- 4 jaunes d'œuf
- 60 g de sucre semoule
- 250 g de mascarpone
- 4 sachets de sucre vanillé
- 18 biscuits à la cuillère
- 20 cl de liqueur de fraise

Lavez, équeutez, séchez et coupez en deux les fraises. Placez au congélateur les fouets du batteur et un saladier. Gardez la crème liquide au réfrigérateur.

Fouettez les jaunes d'œuf avec le sucre jusqu'à ce que le mélange blanchisse et devienne mousseux. Ensuite ajoutez le mascarpone. Fouettez la crème liquide en chantilly en incorporant petit à petit le sucre vanillé. Ensuite mélangez intimement cette chantilly à la préparation précédente.

Coupez les biscuits à la cuillère en trois puis imbibez-les de liqueur de fraise diluée dans 10 cl d'eau. Posez dans le fond de 4 à 6 verres quelques biscuits imprégnés de liqueur puis ajoutez quelques fraises avant de couvrir d'une couche de mousse au mascarpone. Renouvelez l'opération jusqu'à épuisement des ingrédients en terminant par une généreuse couche de mousse. Réservez au réfrigérateur au moins 3 heures.

> Conseil d'amie
Si les fraises sont petites, inutile de les couper en deux. Et, si vous avez la chance d'avoir des fraises des bois dans votre jardin, n'hésitez pas à en mêler quelques-unes aux gariguettes.

Lorsque deux jolis fruits de saison se rencontrent, ils s'entendent tout naturellement.

Salade de fraises et tomates

POUR 4 PERSONNES
PRÉPARATION : 15 min

- 500 g de fraises
- 500 g de petites tomates bien fermes
- 1 petit bouquet de basilic

POUR LA VINAIGRETTE

- 4 cuill. à soupe d'huile d'olive
- 1 cuill. à soupe de vinaigre balsamique
- 1 cuill. à café de jus de citron
- sel et piment d'Espelette ou poivres mélangés

Lavez rapidement les fraises et les tomates sous l'eau fraîche puis équeutez-les. Si les fraises sont grosses, coupez-les en quatre, si elles sont de taille normale, coupez-les en deux. Coupez les tomates en quatre. Lavez, séchez puis effeuillez et ciselez le basilic.

Émulsionnez les ingrédients prévus pour la vinaigrette.

Mélangez délicatement les fraises et les tomates avec le basilic ciselé. Assaisonnez de vinaigrette et servez aussitôt avec de belles tranches fines de pain de campagne grillé.

> Conseil d'amie
Les fraises comme les tomates doivent être fermes, fraîchement cueillies et odorantes… et, pour garder ces qualités indispensables à la réussite de cet entrée/dessert, ne conservez pas ces fruits du soleil au pôle Nord. Pas de réfrigérateur… Un endroit naturellement frais suffit.

Pour cette recette, maras des bois et gariguettes sont trop « capiteuses ». Choisissez des fraises au parfum « plus simple » et, surtout, veillez à ce qu'elles soient bien fermes.

Saumon cru et fraises rôties au fenouil

POUR 4 PERSONNES
PRÉPARATION : 15 min
MARINADE : 1 h
CUISSON : 6 min

- 320 g de saumon
- 1/2 bulbe de fenouil
- 4 brins de thym citron
- 15 cl d'huile d'olive
- 400 g de fraises
- 1 cuill. à café de graines de fenouil
- 1 cuill. à soupe de vinaigre balsamique
- sel et poivres mélangés du moulin

Coupez le saumon en petites tranches. Lavez et émincez le plus finement possible le demi-bulbe de fenouil. Lavez puis effeuillez le thym citron. Salez et poivrez le saumon, mélangez-le avec le fenouil, arrosez de 10 cl d'huile d'olive et réservez au réfrigérateur pendant 1 heure.

Lavez, équeutez et séchez les fraises. Chauffez le reste d'huile d'olive dans une poêle antiadhésive. Lorsqu'elle est bien chaude, versez les graines de fenouil, faites-les dorer pendant 2 minutes puis ajoutez les fraises. Roulez les fraises dans l'huile chaude parfumée pendant 4 minutes puis versez le vinaigre balsamique, patientez 1 minute et servez sans attendre avec le saumon mariné au fenouil cru.

La framboise

Au commencement la framboise était blanche… La légende raconte que la nymphe Ida, fille du roi de Crète Mélissé et nourrisse de Zeus, voulant cueillir une framboise pour son protégé, se piqua le sein aux épines du framboisier. Son sang coula, colorant aussitôt ladite framboise.

Depuis, ce joli petit fruit promène, tout au long de l'été, sa divine couleur dans les buissons épineux des jardins ou, moins poétiquement, dans ces trop petites barquettes de 125 grammes, dévorées en moins de temps qu'il n'en faut pour le dire…

La framboise a ce goût légèrement acidulé qui nous rappelle qu'elle est peu sucrée et donc idéale pour toutes celles et tous ceux qui font attention à leur ligne. À condition, bien sûr, de ne pas l'escorter de crème Chantilly, de ne pas l'associer au divin chocolat, ni même de la poser sur une crème citronnée et une pâte sablée…

J'ai voulu retrouver le goût de cette tarte aux framboises offerte par mon amie Colette, un jour d'été à Saint-Cast.

Tarte aux framboises et crème citronnée

POUR 4 PERSONNES
PRÉPARATION : 30 min
CUISSON: 25 min
REPOS DE LA PÂTE : 20 min

- 250 g de framboises

POUR LA PÂTE

- 125 g de farine
- 1 cuill. à café de cannelle en poudre
- 60 g de beurre
- 1 petit œuf
- 60 g de sucre semoule

POUR LA CRÈME CITRONNÉE

- 1 citron non traité
- 15 cl de lait entier
- 2 jaunes d'œuf
- 15 g de fécule de maïs
- 50 g de sucre semoule

Préparez la pâte. Tamisez la farine, mélangez-la avec la cannelle puis ajoutez le beurre bien froid coupé en petits morceaux. Travaillez ce mélange du bout des doigts pour obtenir un sable fin. Ensuite creusez un puits. Posez au centre l'œuf et le sucre semoule, travaillez à nouveau ce mélange du bout des doigts puis formez rapidement une boule que vous écraserez de la paume de la main pour l'homogénéiser. Formez à nouveau une boule, aplatissez-la légèrement et emballez-la dans un film alimentaire pour la laisser reposer 20 minutes au réfrigérateur.

Préparez la crème citronnée. Lavez le citron puis râpez finement son zeste. Portez le lait à ébullition avec le zeste de citron. Fouettez les jaunes d'œuf avec la fécule de maïs et le sucre, puis ajoutez le lait bouillant. Faites cuire ce mélange à feu doux 5 minutes, sans jamais cesser de le remuer, jusqu'à ce qu'il épaississe puis versez-le dans un saladier. Posez directement sur la crème un film alimentaire et laissez-la refroidir. Le film permet à la crème de refroidir sans former de « croûte ».

Préchauffez le four à 210 °C (therm. 7). Étalez la pâte en un disque de 22 cm de diamètre. Posez ce disque dans un moule à tarte, couvrez-le d'un papier sulfurisé, puis de légumes secs, et enfournez. Laissez cuire ce fond de tarte à blanc pendant 20 minutes, jusqu'à ce qu'il soit doré, puis sortez-le du four et laissez-le refroidir. Ensuite garnissez-le de crème citronnée et posez les framboises. N'attendez pas trop longtemps pour vous régaler.

> Pour s'organiser
Préparez la crème et la pâte la veille.

C'est un peu une manière de faire entrer l'hiver dans l'été que d'associer le chocolat, capiteux et rond, à la framboise, espiègle, acidulée et parfumée. Ou de faire pénétrer l'été dans l'hiver… Mais il est plus difficile de trouver de bonnes framboises à l'heure des frimas… tandis qu'un bon chocolat, en été…

« Gâteau chocoframboise »

POUR 6 PERSONNES
PRÉPARATION : 15 min
CUISSON : 40 min

- 200 g de chocolat noir à pâtisser
- 125 g de beurre salé
- 250 g de framboises
- 3 œufs
- 100 g de farine
- 150 g de sucre semoule
- 1 cuill. à café de jus de citron
- 1 pincée de sel

POUR LE MOULE

- 20 g de beurre
- 30 g de farine

Râpez le chocolat au couteau puis mettez-le dans une petite casserole placée au bain-marie. Ajoutez le beurre coupé en petits morceaux, puis faites-les fondre doucement sans remuer.

Lavez les framboises très rapidement sous l'eau fraîche puis posez-les sur un linge. Beurrez et farinez un moule antiadhésif de 22 cm de diamètre ou un moule à savarin.

Cassez les œufs en séparant les blancs des jaunes. Lorsque le chocolat a fondu (comptez environ 10 minutes), mélangez-le sans trop le travailler avec le beurre puis laissez-le refroidir. Ensuite ajoutez les jaunes d'œuf et la farine tamisée avec 100 g de sucre semoule.

Préchauffez le four à 180 °C (therm. 6). Fouettez les blancs en neige ferme avec une pincée de sel puis incorporez-les, sans les briser, à la préparation précédente. Ensuite ajoutez délicatement 150 g de framboises. Versez dans le moule et enfournez pendant 30 minutes.

Lorsque le gâteau est cuit, démoulez-le sur un plat et laissez-le refroidir. Mixez le reste des framboises avec les 50 g de sucre semoule restants et le jus de citron. Servez le gâteau avec le coulis de framboises.

> Conseil d'amie
Vous êtes un gourmand invétéré ? Servez ce gâteau avec une crème Chantilly au sucre vanillé. Et posez, en plus, quelques framboises entières.

Des petits gâteaux tout simples qui s'imposent au petit déjeuner, déjeuner, goûter, dîner et plus si affinités...

Petits gâteaux au yaourt, framboises et pralines roses

POUR 8 PETITS GÂTEAUX
PRÉPARATION : 15 min
CUISSON : 15 min

- 125 g de framboises
- 1 pot de yaourt nature
- 125 g de beurre
- 2 pots de farine
- 1 pot de poudre d'amande
- 1 pot de sucre
- 1 sachet de levure chimique
- 3 œufs
- 1/2 pot de pralines roses
- 1 pincée de sel

Lavez rapidement les framboises sous l'eau fraîche puis posez-les sur un linge. Videz le contenu du yaourt dans une jatte, puis lavez et séchez ce pot qui vous servira désormais d'unité de mesure.

Préchauffez le four à 180 °C (therm. 6). Faites fondre doucement le beurre. Mélangez le yaourt avec la farine, la poudre d'amande, le sucre, la levure tamisée, le sel et les œufs. Travaillez rapidement la préparation en ajoutant le beurre fondu et refroidi.

Hachez les pralines roses. Incorporez délicatement les framboises dans la pâte à gâteau puis répartissez-la dans huit moules à muffin antiadhésifs. Parsemez la surface de pralines hachées et enfournez. Faites cuire ces petits gâteaux pendant 15 minutes, jusqu'à ce qu'ils soient dorés et gonflés. Démoulez-les alors sur une grille et laissez-les refroidir.

Dégustez-les froids ou tièdes.

> Conseil pratique
Vous ne trouvez pas de pralines roses ? Remplacez-les par des dragées, roses elles aussi.

Vous pouvez parfumer votre sabayon
avec tout ce que vous aimez.
Du champagne, du marsala et même du jus de raisin.

Sabayon aux framboises

POUR 6 PERSONNES
PRÉPARATION : 15 min
CUISSON : 5 min

- 375 g de framboises
- 6 feuilles de basilic
- 1/2 citron non traité
- 3 jaunes d'œuf
- 75 g de sucre semoule
- 12,5 cl de muscat-de-rivesaltes

Lavez rapidement les framboises sous l'eau fraîche puis posez-les sur un linge. Lavez, séchez et ciselez les feuilles de basilic. Mélangez-les dans un bol avec les framboises, puis répartissez-les dans six verres. Lavez puis zestez finement le 1/2 citron.

Préparez un bain-marie d'eau frémissante dans une casserole de taille moyenne. Dans une plus petite casserole, mélangez les jaunes d'œuf avec le sucre, le muscat-de-rivesaltes et le zeste de citron. Placez cette dernière dans le bain-marie frémissant et fouettez vivement le mélange jusqu'à ce qu'il devienne mousseux, double de volume et se raffermisse. Sortez alors la petite casserole du bain-marie, continuez de fouetter encore 30 secondes puis versez sur les framboises au basilic.

Dégustez dans l'instant.

Des « Esquimaux » maison, qui plairont aux petits comme aux grands.

Bâtonnets glacés framboises et chantilly

POUR 6 BÂTONNETS
PRÉPARATION : 20 min
CONGÉLATION : 2 h minimum

- 25 cl de crème fraîche liquide
- 50 g de pâte de fruits à la framboise
- 30 g de sucre semoule
- 150 g de confiture de framboises
- 2 cuill. à soupe d'eau de rose
- 60 g de pistaches vertes non salées

1/2 heure avant de commencer, placez au congélateur les fouets du batteur et un saladier. La crème liquide, elle, sera gardée au réfrigérateur.

Coupez les pâtes de fruits en petits dés puis roulez-les dans le sucre. Fouettez la crème liquide en chantilly, en incorporant, petit à petit, lorsqu'elle commence à être ferme, la confiture de framboises. Ensuite ajoutez les petits dés de pâte de fruits à la framboise et l'eau de rose. Répartissez cette préparation dans des moules à bâtonnets glacés, enfoncez dans chacun une petite spatule en bois ou en plastique et placez au congélateur. Patientez au moins 2 heures.

Hachez finement les pistaches vertes. Lorsque les glaces sont « prises », démoulez-les délicatement en passant rapidement les moules sous l'eau chaude puis trempez-les dans les pistaches vertes hachées.

> Conseil d'amie
Pour réussir une crème Chantilly, il n'y a pas de secret. Seuls un saladier, des fouets et une crème liquide bien froids vous aideront. Ensuite, c'est un jeu d'enfant…

MADE IN CHINA

La myrtille

Difficile pour moi d'écrire sur la myrtille que je n'ai jamais vue pousser dans mon jardin breton et, donc, jamais grappillée sous le soleil. Alors qu'autour de moi florissaient groseilles et cassis, mûres et framboises, il n'y avait point de myrtilles, ces petits fruits azurés, aux jolis noms de « brimbelles » ou de « bleuets », selon qu'on les ramasse dans les Vosges ou au Canada. Difficile aussi d'imaginer, que, alors que je cueillais délicatement, à la main, les baies noires du cassissier, d'autres ramassaient, à quelques centaines de kilomètres de là, ces airelles avec un peigne…

Je ne les ai goûtées que très tard, lorsque, en vacances en montagne, j'ai croqué dans une tarte sablée à la myrtille. Et là, je l'ai aimé, ce fruit délicat et délicieux, sucré, doux, avec sa très légère acidité à peine décelable. Là, j'ai découvert le plaisir de cueillir, à la main, au détour d'un chemin escarpé, ces si jolies baies bleutées, couvertes de pruine.

Une tarte croquante et réconfortante, comme on les aime.

Tarte aux myrtilles

POUR 4 À 6 PERSONNES
PRÉPARATION : 15 min
CUISSON : 30 min
REPOS : 30 min

- 1 orange bio (non traitée)
- 100 g de beurre salé
- 200 g de farine
- 100 g de sucre
- 500 g de myrtilles
- 12 biscuits Amaretti

Préparez la pâte. Brossez l'orange sous l'eau courante puis zestez-la finement avant de la presser. Du bout des doigts, mélangez le beurre bien froid avec la farine, 50 g de sucre et le zeste d'orange. Ajoutez 5 cl de jus d'orange (issu de l'orange zestée) et formez rapidement une boule. Écrasez la boule plusieurs fois de la paume de la main, puis reformez-la. Laissez-la ensuite reposer 30 minutes, enveloppée dans du film alimentaire.

Préchauffez le four à 210 °C (therm. 7).

Écrasez les amarettis. Étalez la pâte au rouleau sur un plan de travail fariné, puis déposez-la délicatement dans un moule de 24 cm de diamètre. Piquez-la de quelques coups de fourchette avant de la parsemer d'amarettis écrasés. Couvrez ensuite de myrtilles, sucrez et enfournez. Faites cuire la tarte pendant 30 minutes, jusqu'à ce que la pâte soit bien dorée.

> Conseil d'amie
Si vous n'avez pas la chance d'habiter une campagne où poussent les myrtilles, utilisez des fruits surgelés et ne les décongelez pas avant de les poser sur le fond de tarte. Ils seront à peine cuits en fin de cuisson et c'est aussi très bon.

Très doux, très frais, très bon !

Milk-shake myrtilles, coco

POUR 4 PERSONNES
PRÉPARATION : 5 min

- 300 g de myrtilles
- 1 citron vert
- 40 cl de lait de coco
- 20 cl de lait entier
- 30 g de cassonade

Lavez rapidement les myrtilles sous l'eau fraîche. Brossez le citron vert, également sous l'eau fraîche, puis prélevez très finement la moitié de son zeste. Gardez la seconde moitié du citron pour le « ti-punch » (recette p. 232).

Mixez pendant 5 minutes les myrtilles avec le lait de coco, le lait entier, la cassonade et le zeste de citron vert. Servez aussitôt avec un gros glaçon.

> Conseil d'amie
Si vous utilisez des myrtilles surgelées, il sera inutile de les décongeler avant de les mixer, et donc tout aussi inutile d'ajouter de la glace pour rafraîchir le milk-shake.

Le plat idéal pour les pique-niques champêtres.

Poulet en gelée aux myrtilles

POUR 4 PERSONNES
PRÉPARATION : 30 min
CUISSON : 1 h

- 1 petit poulet
- 300 g de myrtilles
- 1 botte d'oignons nouveaux
- 1/2 bouquet d'estragon
- un cube de bouillon de volaille bio
- 4 cuill. à soupe d'huile d'olive
- un bouquet garni (queue de persil plat, thym et feuille de laurier)
- 1 feuille de gélatine (de 2 g environ)
- sel et poivre du moulin

Demandez à votre boucher de couper le poulet en morceaux et de lui ôter la peau.

Lavez rapidement les myrtilles sous l'eau fraîche, puis étalez-les sur un linge propre. Lavez, pelez les oignons en botte. Lavez, effeuillez l'estragon. Préparez le bouillon de volaille avec le cube de bouillon et 50 cl d'eau.

Faites dorer les morceaux de poulet dans l'huile d'olive avec les petits oignons. Salez, poivrez, mouillez avec le bouillon, ajoutez le bouquet garni, puis laissez mijoter à couvert 1 heure. Lorsque le poulet est cuit, filtrez son jus de cuisson. Désossez-le et mélangez les morceaux obtenus aux oignons, à l'estragon effeuillé et aux myrtilles.

Couvrez la feuille de gélatine d'eau froide pour qu'elle ramollisse. Ensuite, portez à nouveau le bouillon à ébullition et, hors du feu, ajoutez la feuille de gélatine préalablement essorée dans vos mains. Elle fond instantanément dans le liquide chaud.

Placez les morceaux de poulet aux myrtilles dans une terrine ou un plat creux. Tassez légèrement, versez le bouillon et laissez refroidir avant de placer au réfrigérateur. Laissez prendre le poulet en gelée 2 heures au réfrigérateur. Servez nature, avec quelques pickles aigre-doux ou une bonne salade.

La mûre

Perdues dans un buisson épineux, elles cachaient leur belle couleur pourpre presque noire sous la poussière des champs, le long des chemins creux. Elles nous tachaient les mains de bleu et nous piquaient les doigts. Elles croquaient sous la dent et nous laissaient des langues de Martiens. Elles nous réunissaient, dans la lande, au moment où la campagne et les fougères commençaient à souffrir de l'été déjà passé. Et se transformaient, dès leur arrivée à la maison, en confiture-gelée délicieusement parfumée.

Tout l'hiver, ensuite, elles devenaient un « must », distribué avec parcimonie, pour sucrer nos fromages blancs et autres yaourts ou couvrir d'une épaisse couche de douceur nos tartines du matin. Ces belles mûres de ma campagne bretonne ont un parfum plus doux et plus suave que tous les parfums du monde, celui de l'enfance.

Gratin de mûres au marsala

POUR 4 PERSONNES
PRÉPARATION : 10 min
CUISSON : 15 min

- 250 g de mûres
- 4 jaunes d'œuf
- 60 g de sucre
- 10 cl de vin blanc moelleux
- 5 cl de marsala

Lavez et séchez les mûres. Ensuite répartissez-les dans quatre petits plats à gratin individuels de 10 cm de diamètre environ.

Préparez un bain-marie en portant à frémissements une casserole d'eau. Placez les jaunes d'œuf dans une plus petite casserole. Mélangez-les avec le sucre, le vin et le marsala, puis fouettez et placez la casserole dans le bain-marie. Sans jamais cesser de fouetter, faites cuire ce mélange 10 minutes, jusqu'à ce qu'il prenne du volume, devienne mousseux et un peu ferme.

Versez-le alors sur les mûres, dans les petits plats à gratin, que vous poserez aussitôt sous le gril du four, le plus près possible du gril. Patientez 2 minutes environ, et lorsque les gratins sont dorés, servez-les. Vous pouvez les saupoudrer d'un voile de sucre glace juste au sortir du four.

> Conseil d'amie
Ne quittez pas des yeux, et du fouet, les œufs durant toute leur cuisson et vous obtiendrez la belle texture mousseuse et satinée d'un sabayon. La cuisson au bain-marie est très douce et permet d'éviter la coagulation des jaunes d'œuf dans le vin.

Quelques pots de « configelée » de mûres, quelques autres d'abricots, ou encore de cassis, auront la saveur des beaux jours tout au long de l'hiver.

Ma « configelée » de mûres

POUR ENVIRON 4 POTS
PRÉPARATION : 15 min
CUISSON : 25 min
MACÉRATION : 3 h

- 1 kg de mûres sauvages ou cultivées
- 800 g de sucre en poudre
- le jus de 3 citrons

Lavez et séchez soigneusement et délicatement les mûres. Mélangez-les dans une grande jatte avec le sucre et le jus de citron puis laissez-les macérer 3 heures. Ensuite, versez-les dans une petite bassine à confiture en cuivre ou un fait-tout à fond épais. Portez le tout à ébullition, écumez si nécessaire, puis baissez l'intensité du feu et laissez frémir ainsi les fruits dans le sucre 15 minutes. Placez une petite assiette au congélateur (ou à défaut au réfrigérateur).

Ensuite, hors du feu, filtrez les mûres, soit en vous servant d'une écumoire, soit en versant délicatement le tout au travers d'une passoire, au-dessus d'une jatte pour ne pas perdre le sirop. Placez les mûres dans un moulin à légumes muni d'une grille fine et écrasez-les. Les graines sont écrasées en même temps que la pulpe mais restent malgré tout dans la grille fine du moulin.

Versez la pulpe des mûres dans le sirop de cuisson et portez à nouveau à ébullition. Patientez 10 minutes puis vérifiez la nappe : versez un peu de confiture sur l'assiette refroidie. Lorsqu'elle est cuite, elle se fige rapidement. Si tel est le cas, versez-la immédiatement dans les pots à confiture bien propres et bien secs. Sinon, poursuivez la cuisson.

Si vous utilisez des pots à couvercle, couvrez-les lorsque la « configelée » est encore bouillante. Si vous possédez de jolis pots anciens, attendez qu'elle refroidisse et couvrez les pots d'un papier à confiture ou de paraffine.

> Conseils d'amie
Ma grand-mère, qui était la reine des confitures, imprégnait les papiers à confiture d'alcool de fruits, au lieu d'eau tiède, pour éviter toute moisissure.

Avec le moulin à légumes, les pépins des mûres sont écrasés et libèrent leur pectine. Grâce à cette pectine, la confiture n'a pas besoin de cuire longtemps pour « prendre ».

> Conseil pratique
Pour réussir les confitures et ne pas y passer trop de temps, il faut en préparer de petites quantités. Moins il y a d'épaisseur de fruits dans la bassine, plus la cuisson est maîtrisée et rapide.

La douceur des douceurs dont je me régale, encore tiède, à sa sortie du four. Mais qui peut aussi se déguster froide et se conserver 2 jours au réfrigérateur.

Gâteau de pain perdu aux mûres

POUR 4 PERSONNES
PRÉPARATION : 15 min
CUISSON : 20 à 30 min

- 200 g de mûres
- 90 g de beurre
- 1 citron non traité
- 25 cl de lait entier pasteurisé
- 2 cuill. à soupe d'eau de fleur d'oranger
- 3 œufs
- 75 g de sucre semoule
- 6 grandes tranches de pain de mie

Lavez et séchez les mûres. Beurrez de 20 g de beurre un plat creux d'environ 22 cm de longueur sur 14 de largeur. Faites fondre doucement le reste de beurre. Préchauffez le four à 180 °C (therm. 6).

Brossez le citron sous l'eau fraîche, ensuite zestez-le finement avec une petite râpe. Portez le lait à ébullition avec le zeste de citron et l'eau de fleur d'oranger puis laissez-le refroidir. Fouettez les œufs avec 50 g de sucre.

Ôtez la croûte des tranches de pain de mie, coupez-les en triangles puis badigeonnez-les généreusement de beurre fondu. Rangez joliment dans le plat creux ces demi-tranches de pain de mie beurrées avec les mûres, en les faisant se chevaucher. Arrosez-les de lait parfumé, puis d'œufs battus, saupoudrez-les de sucre et enfournez de 20 à 30 minutes. Lorsque le gâteau est bien doré, sortez-le du four.

> Conseil d'amie
Vous pouvez parsemer ce gâteau de pistaches vertes hachées grossièrement, il sera encore plus beau et encore meilleur.

La groseille

Ma grand-mère adorée et préférée, Clémence, reine des confitures, possédait un magnifique et fécond jardin, dans lequel rien ne manquait. Aux beaux jours, fraises, framboises et cassis se disputaient la vedette avec les castilles brillantes et transparentes. Ces castilles dont Clémence faisait des gelées translucides inoubliables.

Lorsque j'avais une vingtaine d'années, cette grand-mère tant aimée a disparu, me laissant en héritage, en plus de montagnes de souvenirs gourmands, un pot de cette merveilleuse gelée. Je ne pouvais me résoudre à la manger et décidai de ne l'ouvrir qu'à la naissance de ma fille Margot, qui, à peine née, avait déjà sur le bout de la langue ce nectar de fruits, ce divin nectar de castille, car tel était le nom que l'on donnait alors, dans cette région nantaise, aux groseilles en grappes rouge rubis.

La douceur des amandes, l'acidulé des groseilles, le moelleux du riz... Que demander de plus ?

Riz au lait d'amande et aux groseilles

POUR 4 PERSONNES
PRÉPARATION : 15 min
CUISSON : 30 à 40 min

- 200 g d'amandes mondées
- 1 l de lait entier pasteurisé
- 4 cuill. à soupe de riz rond
- 6 cuill. à soupe de sucre vanillé
- 200 g de groseilles
- 40 g de cassonade

Hachez grossièrement les amandes, faites-les griller à sec dans une poêle, puis mélangez les deux tiers avec le lait et portez le tout à ébullition. Laissez frémir 10 minutes puis filtrez dans une passoire en pressant les amandes du dos d'une louche.

Versez à nouveau le lait dans la casserole, ajoutez le riz et le sucre vanillé et portez à frémissements. Remuez régulièrement pour que les grains de riz se détachent bien les uns des autres et laissez cuire ainsi, doucement, de 20 à 30 minutes jusqu'à ce que les grains soient bien gonflés et tendres.

Pendant que le riz cuit, lavez puis séchez et égrappez les groseilles. Sucrez-les avec la cassonade puis répartissez-les dans des verres ou des tasses.

Lorsque le riz est cuit, versez-le encore chaud sur les groseilles puis laissez-le refroidir. Parsemez la surface du reste des amandes hachées et grillées.

> Conseils d'amie
En fin de cuisson, le riz peut vous sembler un peu liquide. Ne vous inquiétez pas, il continue de cuire tout en refroidissant et s'épaissit pour finalement arriver à une consistance crémeuse.

Lorsque les amandes sont grillées, le lait a une saveur torréfiée. Si vous préférez les saveurs plus douces, ne grillez pas les amandes.

Un petit clin d'œil à Françoise Anne Bhachelier, cuisinière émérite, reine de la tarte aux groseilles meringuée.

Tartelettes meringuées aux groseilles

POUR 6 TARTELETTES
PRÉPARATION : 20 min
CUISSON : 40 min
REPOS DE LA PÂTE : 2 h minimum

POUR LA PÂTE BRISÉE
- 300 g de farine
- 30 g de sucre
- 150 g de beurre
- 1 œuf
- 5 cl d'eau
- 1 pincée de sel

POUR LA GARNITURE
- 300 g de groseilles
- 4 blancs d'œuf
- 200 g de sucre en poudre
- 125 g de poudre de noisette
- 1 cuill. à soupe de sucre glace

Préparez la pâte brisée. Mélangez la farine avec le sucre et le sel puis disposez-la en puits sur le plan de travail. Au centre, placez le beurre froid coupé en petits morceaux et l'œuf battu. Travaillez rapidement ces ingrédients du bout des doigts puis versez l'eau et formez rapidement une boule. Écrasez cette boule de la paume de la main puis formez-la à nouveau et emballez-la dans un film alimentaire. Laissez reposer la pâte 2 heures dans un endroit frais.

Préchauffez le four à 210 °C (therm. 7). Pétrissez la pâte pour l'assouplir en l'écrasant plusieurs fois de la paume de la main puis étalez-la au rouleau sur le plan de travail fariné. Tapissez de pâte six moules à tartelettes antiadhésifs de 10 cm de diamètre, piquez la pâte à la fourchette, couvrez-la d'une feuille de papier sulfurisé, puis de haricots secs (ou de lentilles ou de petits pois). Enfournez et faites cuire à blanc les fonds de tarte 15 minutes. Ensuite sortez-les et baissez la température du four à 100 °C (therm. 3).

Lavez, séchez et égrappez les groseilles. Battez les blancs d'œuf et, lorsqu'ils commencent à se raffermir, ajoutez petit à petit le sucre en poudre. Couvrez les fonds de tarte de poudre de noisette. Mélangez le tiers des blancs d'œuf battus en neige avec les groseilles puis disposez-les sur les fonds de tarte. Ensuite, couvrez les tartelettes garnies du reste de blancs d'œuf en neige et enfournez pour 25 minutes. La meringue, à basse température, va doucement se colorer et devenir craquante. Lorsque les tartelettes sont cuites, sortez-les du four et saupoudrez-les de sucre glace avant de les servir.

> Conseils d'amie
Dans cette recette, la poudre de noisette est indispensable car elle sert de buvard et s'imprègne du jus des groseilles, permettant ainsi à la pâte de rester croquante.

Vous pouvez préparer les fonds de tarte à l'avance et les conserver à l'abri de l'humidité. Mais n'attendez pas trop longtemps pour déguster ces tartelettes car la meringue est fragile et ramollit d'autant plus rapidement que l'air est humide.

Un souvenir d'enfance, ma petite madeleine à moi.

Gelée de groseilles aux framboises de ma grand-mère Ayer

POUR ENVIRON 6 POTS DE 250 G CHACUN
PRÉPARATION : 10 min
CUISSON : 10 min

- 1 kg de groseilles
- 500 g de framboises
- 1,3 kg de sucre en poudre
- 20 cl d'eau

Lavez et séchez les fruits délicatement. Ensuite, égrappez les groseilles et équeutez les framboises.

Posez une petite assiette dans le réfrigérateur pour la refroidir. Versez le sucre dans une large casserole à fond épais ou une petite bassine à confiture en cuivre. Ajoutez 20 cl d'eau et portez à ébullition. Lorsque le sucre a fondu et que vous obtenez un sirop bouillant, ajoutez les framboises et les groseilles. Portez à nouveau à ébullition et écumez. Patientez 5 minutes puis passez ces fruits et leur sirop au moulin à fruits, ou, à défaut, au moulin à légumes muni d'une grille très fine.

Vous obtenez un jus translucide. Versez-le à nouveau dans la casserole, attendez l'ébullition, versez un peu de cette gelée sur l'assiette refroidie. Si elle durcit rapidement, mettez-la aussitôt en pots. Sinon, prolongez encore l'ébullition de quelques minutes.

> Conseils d'amie
Les groseilles et les framboises contiennent beaucoup de pectine, ce qui permet à la gelée de prendre très vite. Il est donc inutile de les cuire longtemps dans le sucre. Moins elles cuisent, plus leur saveur reste intacte.

Si vous aimez les gelées plus transparentes, remplacez le moulin à fruits par un linge fin, appelé étamine. Versez les fruits cuits dans l'étamine, et pressez-les pour obtenir le plus de jus possible. Celle-ci retiendra les peaux et les pépins et la gelée sera plus transparente.

Vous utilisez des pots anciens ? Attendez que la gelée ait totalement refroidi avant de verser de la paraffine. Vous utilisez des pots à couvercle ? Couvrez-les lorsque la gelée est encore bouillante..

Foie gras en terrine et groseilles juste poêlées au miel

POUR 4 PERSONNES
PRÉPARATION : 20 min
CUISSON : 15 min
REPOS : 4 h minimum

- 500 g d'escalopes de foie gras surgelées
- 1 pincée de noix de muscade
- 1 pincée de quatre-épices
- 2 cuill. à soupe de miel
- 200 g de groseilles
- 2 cuill. à soupe de vinaigre de xérès
- fleur de sel et poivre du moulin

Chauffez une poêle antiadhésive pour pouvoir saisir les escalopes de foie gras. Posez une escalope dans la poêle et faites-la dorer 2 minutes sur chaque face. Salez-la, poivrez-la, épicez-la de noix de muscade et de quatre-épices puis posez-la dans le fond d'une petite terrine en porcelaine blanche ou en verre de 1/2 litre. Procédez ainsi pour toutes les escalopes et superposez-les au fur et à mesure dans la terrine.

Découpez une planchette en carton fort de la taille et de la forme de la terrine. Emballez cette planchette dans un film alimentaire puis posez-la sur la dernière escalope. Pressez avec un poids et laissez refroidir. Lorsque le foie gras est froid, couvrez-le et réservez-le au réfrigérateur pour 4 heures au minimum.

Au moment de servir, coupez le foie gras en tranches d'environ 1 cm d'épaisseur et posez-le sur les assiettes. Versez le miel dans une petite poêle et, lorsqu'il est chaud, ajoutez les groseilles. Roulez-les dans le miel chaud pendant 5 minutes puis versez-les sur le foie gras. Ajoutez le vinaigre de xérès dans la poêle chaude, faites-le réduire 1 minute puis déposez-en quelques gouttes sur chaque assiette et servez aussitôt avec des tranches de pain de campagne grillées.

Le foie gras ainsi préparé se conserve 4 jours au réfrigérateur.

> Conseil d'amie
Choisissez pour cette recette un miel à la saveur douce, type miel d'acacia, et des groseilles très fermes et de belle taille.

Le cassis

Le fruit du cassissier pousse en petites grappes de baies noires, au cœur d'un feuillage odorant, vert tendre, en forme de mini-feuilles de vigne. Sa saveur très particulière, végétale, voire herbacée, sa faible teneur en sucre en font un fruit singulier, que l'on ne consomme finalement que très rarement nature.

Nommé à raison « élixir de vie », on lui prête des vertus médicinales, les feuilles comme les fruits du cassissier étant utilisés pour combattre les rhumatismes. C'est le roi de la vitamine C, puisqu'il en contient plus que l'orange ou le kiwi.

Mais réduire une baie de cassis à ses qualités diététiques et thérapeutiques serait bien dommageable tant son parfum subtil nous suit depuis notre tendre enfance. Qui n'a pas un jour coloré son tee-shirt immaculé de délicieux sorbet au cassis, fondu plus rapidement qu'il ne l'aurait fallu ? Qui ne s'est pas désaltéré d'un diabolo au cassis bien frais, « à la paille, s'il vous plaît » ? Qui, quelques années plus tard, n'a pas trempé ses lèvres dans un kir, nectar des plus populaires, dans lequel la crème de cassis règne en maîtresse ?

Finalement, ces petites baies, de prime abord moins séduisantes que les framboises ou les groseilles, sont entrées dans nos cœurs par le pur chemin de la gourmandise. C'est certainement pour cette raison qu'elles demeurent inoubliables.

Cette crème de cassis était tellement « douce » que les enfants avaient le droit de la goûter… Tante Marie nous servait alors 2 cuillerées de ce divin nectar dans des petits bols bleus à pois blancs, que nous appelions « bols à lunes », et couvrait d'eau chaude. C'était délicieux.

Crème de cassis de tante Marie

POUR ENVIRON 2 L
PRÉPARATION : 15 min
CUISSON : 5 min
MACÉRATION : 2 jours
REPOS : 2 mois

- 750 g de cassis
- 1 l de vin rouge type côtes-du-rhône
- 750 g de sucre par kilo de jus recueilli
- 6 cl d'eau-de-vie de fruits

Ébouillantez un bocal puis retournez-le sur un torchon propre. Lavez, séchez et égrappez les baies de cassis. Mettez-les dans le bocal, couvrez-les de vin rouge puis laissez-les macérer 2 jours.

Ensuite, versez les fruits dans un moulin à légumes muni d'une grille fine et écrasez-les. Mélangez le jus ainsi recueilli avec le vin rouge de macération. Pesez le liquide, ajoutez 750 g de sucre par kilo de jus et portez à ébullition 5 minutes.

Filtrez ce jus une dernière fois au travers d'un tamis fin, ajoutez l'eau-de-vie de fruits et mettez en bouteilles. Bouchez et patientez 2 mois avant de goûter.

Cette crème de cassis est moins alcoolisée qu'une crème de cassis « classique », car elle est essentiellement préparée avec du vin et ne contient que très peu d'eau-de-vie de fruits.

Que dire ? Goûtez et vous verrez, ce cake est incroyablement savoureux. Les baies de cassis sont très à leur aise dans cette pâte parfumée de citron confit.

Cake au citron et cassis

POUR 6 PERSONNES
PRÉPARATION : 15 min
CUISSON : 40 min

- 150 g de beurre
- 120 g de sucre roux
- 3 œufs
- 275 g de farine
- 1 sachet de levure
- 200 g de cassis frais
- 50 g d'écorces de citron confites
- 1 citron non traité
- 1 pincée de sel

POUR LE MOULE
- 30 g de beurre
- 20 g de sucre roux

Coupez le beurre en petits morceaux et mettez-le dans une terrine placée dans un bain-marie pour qu'il ramollisse. Ensuite travaillez-le à la cuillère en bois pour lui donner une consistance de crème. Ajoutez le sucre roux et le sel. Incorporez les œufs un à un dans la préparation. Tamisez 250 g de farine et la levure puis ajoutez-les à la préparation précédente.

Préchauffez le four à 210 °C (therm. 7). Lavez, séchez et égrappez les cassis. Coupez les écorces de citron confites en petits dés et saupoudrez-les de la farine restante. Lavez le citron puis zestez-le finement et pressez-le. Versez jus et zeste dans la pâte à cake puis incorporez les cassis et les écorces de citron confites.

Beurrez le moule à cake et saupoudrez-le de sucre roux. Garnissez de pâte et enfournez. Comptez 15 minutes de cuisson puis baissez la température du four à 180 °C (therm. 6) et prolongez la cuisson du cake de 25 minutes. Lorsqu'il est bien gonflé et bien doré, sortez-le du four et démoulez-le délicatement sur une grille.

Dégustez tiède ou froid.

> Conseil d'amie
Il faut enrober les écorces de citron confites, comme tous les fruits secs d'ailleurs, d'un voile de farine avant de les intégrer à la pâte. Cela évite qu'ils ne tombent dans le fond du moule durant la cuisson.

Cette gelée délicieuse accompagnera tous les laitages, yaourts, riz au lait, semoule, fromage blanc. Et, plus simplement, couvrira de bonheur les bonnes tartines du matin.

Gelée de cassis au géranium rosa

POUR ENVIRON 4 POTS D'ENVIRON 250 G CHACUN
PRÉPARATION : 15 min
CUISSON : 15 min

- 1 kg de cassis
- 800 g de sucre
- 1 belle feuille de géranium rosa par pot

Lavez, égrappez et mélangez avec le sucre les baies de cassis. Versez le tout dans une bassine à confiture ou une large casserole à fond épais. Portez à ébullition et écumez si nécessaire.

Lorsque les baies de cassis, sous l'effet de la chaleur, ont éclaté (comptez environ 5 minutes), versez-les dans un moulin à légumes muni d'une grille fine. Écrasez les fruits et mélangez la pulpe recueillie avec le jus de cuisson resté dans la bassine.

Portez à nouveau à ébullition, patientez 10 minutes et vérifiez que la gelée est « à point ». Pour cela, versez-en une cuillerée à café sur une assiette froide. Si la gelée fige et se gélifie rapidement, arrêtez sa cuisson. Si elle vous semble encore un peu liquide, prolongez de 5 minutes et vérifiez à nouveau sa cuisson.

Lavez et séchez délicatement les feuilles de géranium rosa. Posez-en une dans le fond de chaque pot. Versez la confiture chaude dans les pots et couvrez aussitôt.

> Conseil d'amie
Les cassis sont parfois rares sur les marchés. Si vous n'avez pas la chance de posséder un jardin, faites-vous malgré tout plaisir et préparez cette petite gelée avec des cassis surgelés.

> À propos du géranium rosa
Le géranium rosa est une plante très odorante, légèrement citronnée, avec des accents de rose et de violette. En versant sur une de ses feuilles une gelée bouillante, tous ses arômes vont se libérer pour donner à la gelée cette petite touche délicatement parfumée.

> Pour varier
Vous n'avez pas de géranium rosa à portée de main ? Posez dans le fond de chaque pot un beau brin de romarin. Le romarin est plus rustique, mais tout aussi délicieux.

Cassis et poivrons jouent les vedettes dans cette omelette haute en couleur et en parfums.

Omelette aux cassis, poivrons et coriandre

POUR 4 PERSONNES
PRÉPARATION : 15 min
CUISSON : 15 min

- 1 poivron rouge
- 1 cuill. à soupe de vinaigre balsamique
- 125 g de cassis
- 1 petite botte de coriandre
- 8 petits œufs
- 2 cuill. à soupe d'huile d'olive
- sel et poivre du moulin

Lavez le poivron puis posez-le sous le gril du four et faites-le brunir sur toutes ses faces pendant 10 minutes. Ensuite enfermez-le dans une boîte ou un sac et patientez 10 minutes pour pouvoir le peler plus aisément. Épépinez, pelez et détaillez le poivron en lanières avant de le saler, le poivrer et l'arroser de vinaigre balsamique.

Lavez, séchez et égrappez les cassis. Lavez, essorez et hachez la coriandre. Fouettez les œufs puis salez et poivrez. Ensuite ajoutez les cassis, le poivron grillé et la coriandre.

Chauffez l'huile d'olive dans une poêle antiadhésive. Lorsqu'elle est chaude, versez les œufs battus. Laissez cuire doucement 5 minutes en mélangeant délicatement la préparation du dos d'une fourchette. Servez tout juste cuit.

> Pour s'organiser
Le poivron peut être préparé la veille, il n'en sera que meilleur.

Agrumes

L'orange

C'est ma couleur préférée. La couleur du soleil couchant, de l'énergie, de la sagesse, du safran, du jaune d'un œuf fermier. La couleur des années 70 et des « pommes d'or » des jardins de la villa Borghèse à Rome : l'orange.

L'orange, ce fruit, symbole de soleil, qui, au cœur de l'hiver gris et froid, nous apporte santé et vitalité, ce fruit si juteux qu'on le boit plus qu'on ne le croque...

Tout dans ce fruit est généreux. Sa chair sucrée, parfumée de cannelle, nous rafraîchit autant qu'elle nous transporte. Son jus apaise nos soifs ou parfume nos mets. Son zeste, confit, enrobé ou non de chocolat, fait figure de péché. Tandis que sa fleur, blanche et délicate, tellement odorante, évoque des délices orientaux.

L'orange a la grâce des fruits d'hiver, touche de vie dans une saison où tout sommeille. L'orange, c'est cette couleur que l'on aperçoit dans l'arbre, avant de comprendre le fruit.

Tarte à l'orange

POUR 4 PERSONNES
PRÉPARATION : 20 min
CUISSON : 30 min
REPOS : 1 jour

- 4 oranges non traitées
- 500 g de sucre
- 1 cuill. à soupe de cannelle en poudre
- 260 g de pâte sablée
- 200 g de marmelade d'orange
- 50 g d'amandes effilées

Lavez, essuyez, puis taillez en tranches fines les oranges. Rangez-les dans un plat creux. Portez à ébullition 50 cl d'eau avec le sucre et la cannelle pour faire un sirop. Versez ce sirop chaud sur les oranges, couvrez et réservez au frais une journée.

Le lendemain, préchauffez le four à 180 °C (therm. 6). Étalez la pâte sablée dans un moule à tarte carré antiadhésif de 22 cm de côté. Piquez-la de quelques coups de fourchette puis couvrez-la de marmelade d'orange. Ensuite égouttez les rondelles d'oranges confites, coupez-les deux, puis rangez-les sur la marmelade.

Enfournez la tarte pour 30 minutes. Si les oranges dorent trop rapidement, couvrez-les d'une feuille de papier sulfurisé en cours de cuisson.

Au moment de la servir, parsemez la tarte à l'orange d'amandes effilées grillées.

Un petit cadeau fort apprécié...
Et encore plus, lorsqu'il est « fait maison » !

Orangettes au chocolat

POUR ENVIRON 200 G
PRÉPARATION : 15 min
CUISSON : 1 h 30
SÉCHAGE : 1 h

- 3 oranges non traitées à peau épaisse
- 10 cl de jus d'orange
- 250 g de sucre
- 40 cl d'eau
- 200 g de chocolat noir à pâtisser

Blanchissez les écorces d'orange. Pour cela, incisez la peau des oranges en quatre pour les peler et garder intacts les quartiers d'écorce. Ensuite plongez-les 1 minute dans une grande casserole d'eau portée à ébullition, puis sortez-les et égouttez-les.

Faites confire les quartiers d'écorces d'orange. Mélangez le jus d'orange, le sucre et l'eau dans une casserole. Portez à ébullition puis plongez-y les quartiers d'écorces d'orange blanchies. Couvrez et laissez frémir 1 heure 30. Ensuite, sortez les écorces du sirop et posez-les sur une grille à gâteau. Laissez-les sécher 1 heure puis coupez-les en bâtonnets.

Râpez grossièrement le chocolat au couteau. Mettez-le dans une petite casserole, elle-même placée dans un bain-marie frémissant. Lorsque le chocolat a totalement fondu, mélangez-le rapidement. Sortez la casserole de son bain-marie et trempez les bâtonnets d'écorces confites un à un dans le chocolat. Posez-les sur une feuille de papier sulfurisé et laissez-les refroidir et durcir. Ensuite rangez délicatement les orangettes dans une boîte fermant hermétiquement.

> Conseil d'amie
Vous n'avez pas le temps de confire des écorces d'orange ?
Pas de soucis et pas de complexes... Achetez de bonnes écorces d'orange déjà confites. Choisissez plutôt des écorces bien tendres, en quartiers, et taillez-les vous-même en bâtonnets au moment de les tremper dans le chocolat. Le chocolat a, bien évidemment, une grande importance, alors n'hésitez pas à acheter un chocolat de très bonne qualité, plus ou moins amer, suivant votre goût.

Filets de canette au miel d'oranger et oranges crues

POUR 4 PERSONNES
PRÉPARATION : 20 min
CUISSON : 10 min

- 6 oranges maltaises
- 100 g de miel d'oranger
- 4 brins de romarin
- 4 filets de canette
- 5 cuill. à soupe de sauce soja japonaise
- sel et poivres mélangés écrasés

Pressez 2 oranges. Pelez à vif les 4 autres oranges puis détachez leurs quartiers avec soin et préparez une petite salade d'oranges fraîches. Ajoutez 1 cuillerée à soupe de miel d'oranger, un peu de poivres mélangés concassés et la moitié du romarin ciselé. Réservez au réfrigérateur.

Incisez la peau des filets de canette de la pointe d'un couteau d'office puis badigeonnez-les de miel et parsemez-les de poivres mélangés écrasés et de sel. Ajoutez le reste de romarin et posez sur un plat, côté peau face à vous. Faites cuire les filets de canette sous le gril du four 10 minutes puis sortez le plat du four, enveloppez les filets dans une feuille d'aluminium et laissez-les reposer 5 minutes.

Pendant ce temps, déglacez le plat de cuisson des filets en versant le jus d'orange. Ajoutez le miel d'oranger restant, la sauce soja, faites réduire 3 minutes à feu doux puis réservez au chaud.

Servez les filets de canette nappés de sauce au jus d'orange et au miel avec la salade d'oranges crues au romarin.

> Conseil d'amie
Choisissez un plat de cuisson en métal pour pouvoir, au sortir du four, le poser directement sur feu doux et faire réduire légèrement la sauce.

Le pamplemousse

On appelle à tort « pamplemousse » cet agrume corpulent à l'écorce assez fine, jaune ou rosée, issu du mariage d'un pamplemoussier et d'un oranger, alors qu'il devrait se nommer « pomelo ».

Le « vrai » pamplemousse, *Citrus maxima* pour les intimes, est un très gros fruit à pépins, dont l'écorce jaune, verdâtre, parfois rosée, est épaisse et la saveur amère et acidulée. Celui-là se fait rare sur nos marchés.

Tandis que le *Citrus paradisi*, ou plus couramment le pomelo, qui est plus petit que son cousin, possède une écorce plus fine, n'a que très rarement des pépins et est présent, lui, tout au long de l'année sur les étals de nos primeurs. Lorsque sa chair est jaune, le pomelo est acide, lorsque sa chair est rose pâle ou rose plus foncé, il est plus sucré et parfumé.

Le pomelo reste l'incontournable allié des régimes amincissants mais sait aussi se faire apprécier lorsqu'il escorte dignement un poisson ou parfume une crème de son jus et de son zeste.

Un pur régal dont on couvre une tranche de brioche ou dont on inonde un fromage blanc onctueux.

Confiture de pamplemousses au miel

POUR ENVIRON 4 POTS DE 200 G CHACUN
PRÉPARATION : 30 min
CUISSON : 30 à 40 min

- 4 pamplemousses roses (soit environ 1,15 kg de pulpe de pamplemousse, ou 700 g de pulpe épluchée)
- 200 g de sucre en poudre
- 400 g de miel d'acacia
- 20 pépins de pomme environ (ou 100 g de gelée de coing)

Brossez les pamplemousses sous l'eau fraîche puis séchez-les et prélevez le zeste de l'un d'entre eux, au couteau Économe. Veillez à ne prélever que le zeste, sans la peau blanche. Détaillez ensuite le zeste en fins bâtonnets. Pelez à vif les pamplemousses, en posant la planche au-dessus d'un saladier, de manière à ne pas perdre de jus. Puis détachez les quartiers. Versez le sucre, le jus de pamplemousse et le miel dans une petite bassine à confiture ou une grande casserole à fond épais et portez doucement à ébullition jusqu'à ce que le sucre ait totalement fondu dans le miel. Ensuite ajoutez les quartiers de pamplemousse et les zestes.

Emballez les pépins de pomme dans un petit linge fin, appelé étamine, fermé par de la ficelle de cuisine. Posez l'étamine dans les fruits préparés précédemment et commencez la cuisson.

Faites cuire cette confiture à feu doux en vérifiant régulièrement sa nappe. Pour ce faire, placez dans le réfrigérateur une petite assiette. Lorsque la confiture vous semble cuite, versez-en une petite quantité sur cette assiette refroidie. Si la confiture est, en effet, « à point », elle doit figer.

Versez-la alors dans des pots secs et propres.

> Conseil d'amie
Cette confiture ne contient naturellement pas de pectine. C'est pourquoi il faut ajouter les pépins de pomme. Ils permettront de la gélifier légèrement. Ces pépins peuvent être remplacés par un peu de gelée ou de pâte de coing, qui contient beaucoup de pectine. Dans ce cas, introduisez la gelée de coing dans la confiture à mi-cuisson.

Des petites tartes où le citron a gentiment cédé sa place au pamplemousse…

Petites tartes au pamplemousse

POUR 8 TARTELETTES DE 10 CM DE DIAMÈTRE (OU 1 TARTE)
PRÉPARATION : 20 min
CUISSON : 25 min

- 2 pamplemousses
- 15 cl de jus de pamplemousse rose
- 200 g de beurre
- 150 g de sucre semoule
- 4 œufs entiers
- 30 g de farine
- 400 g de pâte sablée surgelée

POUR LA MERINGUE
- 2 blancs d'œuf
- 35 g de sucre semoule

Brossez les pamplemousses sous l'eau fraîche puis prélevez les zestes au couteau Économe et blanchissez-les pendant 3 minutes dans une casserole d'eau portée à ébullition pour leur ôter toute amertume. Ensuite détaillez-les en fins bâtonnets. Portez à ébullition les 15 cl de jus de pamplemousse avec 150 g de beurre, les zestes et le sucre puis, hors du feu, ajoutez les œufs un à un en fouettant vivement. Faites à nouveau cuire la préparation pendant 3 minutes à feu doux, jusqu'à ce qu'elle épaississe et devienne crémeuse puis laissez-la refroidir.

Préchauffez le four à 210 °C (therm. 7). Beurrez les moules à tartelette avec le beurre restant puis farinez-les. Ensuite étalez la pâte au rouleau et posez-la dans les moules. Piquez-la de quelques coups de fourchette, couvrez d'une feuille de papier sulfurisé, de haricots secs ou de riz et faites cuire les fonds de tarte, à blanc, pendant 15 minutes. Ensuite ôtez les papiers sulfurisés, les légumes secs et prolongez la cuisson de 5 minutes.

Pendant ce temps, préparez la meringue. Fouettez les blancs d'œuf en neige en ajoutant petit à petit le sucre jusqu'à ce qu'ils deviennent fermes et brillants.

Sortez les fonds de tarte du four. Baissez la température du four à 150 °C (therm. 5). Garnissez les fonds de tarte de crème au pamplemousse, puis déposez sur chacun une généreuse cuillerée de meringue. Enfournez à nouveau 5 minutes, pour que la meringue se colore légèrement puis laissez refroidir et dégustez rapidement.

> Conseil d'amie
Vous pouvez préparer ces tartes à la crème de pamplemousse quelques heures avant de les déguster, mais il est préférable de faire la meringue au dernier moment, de manière à ce qu'elle reste ferme et croustillante. Pour colorer encore davantage la meringue, placez les tartelettes 3 minutes sous le gril du four. Mais attention, ne les quittez pas des yeux.

> Pour s'organiser
Préparez la crème et faites cuire les fonds de tarte la veille. À l'abri de l'humidité, ils resteront croquants. Quant à la crème, couverte de film alimentaire, elle se conserve 2 ou 3 jours au réfrigérateur.

Petits pois d'avocat et pamplemousses au miel

POUR 4 PERSONNES
PRÉPARATION : 20 min
CUISSON : 5 min

- 2 pamplemousses roses
- 2 avocats un peu fermes
- le jus de 1/2 citron
- 1 gousse de vanille
- 4 cuill. à soupe de miel

Pelez les pamplemousses puis ouvrez-les et détachez les quartiers soigneusement. Ensuite pelez chaque quartier. La peau fine qui recouvre les quartiers de pamplemousse se détache, en général, facilement.

Pelez les avocats, puis, avec une cuillère pour faire des billes de melon, appelée aussi « cuillère à pomme parisienne », détaillez-les en « petits pois ». Arrosez les billes d'avocat de jus de citron pour qu'elles restent bien vertes.

Fendez et grattez la gousse de vanille. Mélangez ses graines avec le miel.

Posez les quartiers de pamplemousse et les petits pois d'avocat dans un petit plat à gratin. Badigeonnez-les de miel vanillé et passez-les 5 minutes sous le gril du four pour les caraméliser légèrement.

Servez dès la sortie du four avec un peu de glace à la vanille.

> Conseil d'amie
Munissez-vous d'un petit couteau d'office bien tranchant pour débarrasser les quartiers de pamplemousse de leur peau. La tâche peut sembler fastidieuse mais elle n'est pas difficile.

Une entrée toute fraîche, simple et raffinée.

Carpaccio de saumon au pamplemousse et à l'aneth

POUR 4 PERSONNES
PRÉPARATION : 15 min

- 2 beaux pamplemousses rubis
- 4 oignons nouveaux
- 1 petit bouquet d'aneth
- 2 cuill. à soupe d'huile d'olive
- 250 g de saumon cru
- 250 g de saumon fumé
- 20 cl de crème fraîche épaisse
- 1 petit pain de seigle
- sel et poivre du moulin

Pelez à vif les pamplemousses au-dessus d'un saladier de manière à ne pas en perdre le jus. Ensuite détachez les quartiers. S'ils sont épais, tranchez ces derniers en deux dans leur épaisseur. Pelez, lavez puis taillez en fines rondelles les oignons nouveaux. Couvrez-les d'eau froide et réservez-les au réfrigérateur. Ils vont ainsi s'adoucir. Lavez, séchez et ciselez l'aneth.

Émulsionnez le jus de pamplemousse, recueilli lorsque vous avez pelé les agrumes à vif, avec l'huile d'olive, un peu de sel et de poivre.

Détaillez le saumon cru en tranches fines. Ensuite posez-le sur un grand plat en le panachant avec des lamelles fines de saumon fumé et les quartiers de pamplemousse rose. Ajoutez le jus de pamplemousse parfumé à l'huile d'olive, les oignons (préalablement égouttés) et l'aneth.

Servez avec la crème fraîche et le pain de seigle finement tranché et toasté.

> Conseil d'amie
Pour peler à vif un agrume, posez-le sur une planche et, avec un petit couteau d'office bien tranchant, pelez-le au plus près de sa chair, de manière à ôter la partie blanche de l'agrume, qui est en général amère. Ensuite il ne vous reste plus qu'à le trancher en rondelles ou à en extraire les quartiers.

Le citron et le citron vert

Tandis que l'un pousse sur un citronnier, l'autre grandit sur un limettier. Alors que le premier, à maturité, se cueille, lorsqu'il resplendit d'une lumineuse couleur soleil, le second se récolte lorsque son écorce arbore un beau vert. Tous deux se nomment citrons et sont indispensables dans la cuisine. Quelques gouttes de jus de citron, vert ou jaune, suffisent à révéler la saveur un peu pâlotte d'une première fraise. Un poisson n'est jamais plus heureux que lorsqu'il est arrosé d'un filet de citron et de quelques gouttes d'huile d'olive. Quant à la limonade, elle n'existerait même pas si le citron n'était pas.

Moi, ce que j'aime dans un citron, avant tout, c'est la fragrance de son zeste, forte et enivrante. Elle me rappelle les bonbons acidulés au dessin de quartiers d'agrumes que je mangeais enfant. Elle me transporte aux Antilles, où toute belle journée est ponctuée de ti-punch, tout poisson pêché arrosé de citron vert.

Des œufs au lait… mais de coco… où la vanille est remplacée par du citron vert.

Petites crèmes coco-citron vert

POUR 4 PERSONNES
PRÉPARATION : 10 min
CUISSON : 20 à 30 min

- 1 citron vert
- 1 boîte de lait de coco de 40 cl
- 3 œufs
- 50 g de cassonade

Brossez les citrons verts sous l'eau courante puis zestez-les finement à l'aide d'une petite râpe. Ensuite, mélangez ces zestes avec le lait de coco.

Préchauffez le four à 180 °C (therm. 6). Posez dans le four un bain-marie chaud pouvant contenir les petits pots à crème.

Cassez 2 œufs en séparant les blancs des jaunes. Fouettez 2 jaunes avec 1 œuf entier puis ajoutez la cassonade.

Portez doucement le lait de coco au citron vert à ébullition puis versez-le sur les œufs sucrés. Répartissez cette préparation dans les petits pots à crème puis posez ces petits pots dans le bain-marie chaud. Faites cuire les crèmes de 20 à 30 minutes, jusqu'à ce qu'elles soient fermes puis laissez-les refroidir avant de les couvrir d'un film alimentaire et de les réserver au réfrigérateur.

> Conseil d'amie
Le bain-marie ne doit pas être en ébullition, il doit à peine frémir pour permettre aux crèmes de cuire doucement.

Boire un mojito dans la tiédeur d'une nuit d'été et goûter tranquillement aux saveurs de la menthe et du citron vert intimement liées par le rhum… Petit bonheur simple, dont il serait dommage de se priver.

Mojito

POUR 1 MOJITO
PRÉPARATION : 10 min

- 1/2 citron vert
- 10 feuilles de menthe fraîche
- 5 cl de rhum blanc ou ambré (cubain de préférence)
- 3 cl de sirop de canne
- eau gazeuse et glace pilée

Lavez puis coupez en morceaux le 1/2 citron vert. Placez ces morceaux dans un verre un peu haut.

Lavez, séchez les feuilles de menthe. Mettez-les avec les morceaux de citron. Ajoutez le rhum, le sirop de canne et écrasez le tout pendant 3 minutes, de manière à extraire le jus du citron et à libérer l'arôme de la menthe.

Complétez avec un peu de glace pilée et d'eau gazeuse. Goûtez sans attendre.

Lorsque Étienne prépare son ti-punch, il coupe consciencieusement le citron vert de manière que le zeste soit plus important que la pulpe. Ensuite il l'écrase avec de la cassonade, ajoute une larme d'eau, puis verse le rhum, ce merveilleux rhum agricole qui brûlera nos lèvres et déliera nos langues.

Ti-punch d'Étienne

POUR 1 TI-PUNCH
PRÉPARATION : 3 min

- 1 petit morceau de citron vert
- 1 cuill. à café bombée de cassonade
- 1 cuill. à café rase d'eau
- 8 cl de rhum blanc

Écrasez le petit morceau de citron vert dans le fond du verre avec la cassonade à l'aide d'une cuillère à café puis versez l'eau, mélangez pour obtenir un sirop et couvrez de rhum blanc.

Ou comment un simple zeste et quelques gouttes d'essence de citron transforment la fameuse, et si classique, crème brûlée.

Crèmes brûlées au citron jaune

POUR 4 PERSONNES
PRÉPARATION : 15 min
CUISSON : 30 min

- 1 beau citron jaune non traité
- 50 cl de crème liquide
- 6 jaunes d'œuf
- 150 g de cassonade
- 4 gouttes d'essence de citron

Brossez le citron sous l'eau fraîche puis râpez finement son zeste à l'aide d'une petite râpe fine. Mélangez ce zeste avec la crème liquide et chauffez doucement ce mélange, sans le faire bouillir.

Préchauffez le four à 120 °C (therm. 4). Fouettez les jaunes d'œuf avec 80 g de cassonade puis versez la crème liquide au citron encore chaude. Mélangez intimement, ajoutez l'essence de citron et répartissez dans les ramequins à crème brûlée. Enfournez pour 30 minutes.

Lorsque les crèmes sont fermes, donc cuites, sortez-les du four et laissez-les refroidir avant de les couvrir d'un film alimentaire et de les réserver au réfrigérateur.

Au moment de les servir, saupoudrez les crèmes d'un voile de cassonade et placez-les sous le gril du four, au plus près, pour les faire dorer rapidement. Si vous possédez un petit chalumeau de cuisine, ou un fer à crème, utilisez-le, c'est encore mieux.

> Conseil d'amie

Une bonne crème brûlée doit être chaude et caramélisée en surface et froide et ferme sous la cassonade caramélisée. Préparez-les donc la veille, de manière à ce qu'elles soient bien froides et bien fermes.

Ils sont fragiles tant ils sont sablés. Ils sont délicats, légèrement acidulés et délicieux. Ce sont ces petits sablés « maison » au citron.

Sablés au citron et au gingembre

POUR ENVIRON 20 SABLÉS
PRÉPARATION : 15 min
CUISSON : 20 min
REPOS : 30 min

- 1 citron non traité
- 200 g de beurre mou
- 200 g de sucre glace
- 2 cuill. à café de gingembre en poudre
- 250 g de farine
- 100 g de poudre de noisette

Lavez puis râpez finement le zeste du citron avec une petite râpe fine ou un zesteur. Ensuite pressez le citron et réservez son jus. Travaillez le beurre pour le ramollir et le rendre crémeux avec 100 g de sucre glace, le gingembre en poudre et le zeste du citron. Ajoutez ensuite la farine et la poudre de noisette.

Travaillez, pétrissez la pâte jusqu'à ce qu'elle soit bien homogène puis emballez-la dans un film alimentaire et laissez-la reposer pendant 30 minutes. Préchauffez le four à 150 °C (therm. 5).

Étalez ensuite la pâte au rouleau sur une feuille de papier sulfurisé et sur 5 mm d'épaisseur. Avec l'emporte-pièce de votre choix, ou plus simplement un petit verre, découpez des petits biscuits que vous poserez au fur et à mesure sur la tôle du four, couverte, elle aussi, de papier sulfurisé. Enfournez et laissez cuire les sablés pendant 20 minutes, jusqu'à ce qu'ils soient légèrement dorés. Ensuite sortez-les du four et laissez-les refroidir sur une grille avant de les glacer.

Préparez le glaçage. Mélangez le reste de sucre glace et 4 cuillerées à soupe de jus de citron. Le mélange doit être brillant, lisse et un peu liquide. Nappez les sablés de ce glaçage et laissez-les sécher 15 minutes avant de les ranger dans une boîte fermant hermétiquement.

> Conseil d'amie
Colorez le glaçage d'une pointe de colorant rose, vert ou jaune avant de le poser.

Le condiment idéal pour parfumer un tajine de poulet aux olives, un rôti de veau, une épaule d'agneau confite ou, plus simplement, quelques légumes mijotés.

Citrons confits au sel

POUR 6 CITRONS CONFITS
PRÉPARATION : 10 min
MACÉRATION : 1 mois

- 6 petits citrons de Menton ou de Nice non traités
- 400 g de gros sel gris de mer

Lavez et séchez soigneusement un bocal fermant hermétiquement, pouvant contenir les citrons bien serrés.

Brossez les citrons sous l'eau fraîche. Fendez-les ensuite en quatre sans toutefois désolidariser les quartiers. Salez l'intérieur des citrons avec le gros sel gris puis tassez-les dans le bocal. Ajoutez du gros sel dans les espaces vides, fermez le bocal et laissez macérer dans un endroit frais pendant 1 mois, jusqu'à ce que tout le gros sel ait disparu et que les citrons baignent dans leur jus saumuré.

Ensuite gardez les citrons, dans leur saumure, au réfrigérateur. Ces citrons se conservent une année, jusqu'à la prochaine récolte.

> Conseil d'amie
Les citrons doivent être compressés dans leur bocal. Si tel n'était pas le cas, placez entre eux et le couvercle un galet bien poli et bien propre, qui favorisera cette opération. Et si passé 1 mois les citrons ne baignaient pas dans le jus, pressez-les légèrement du dos d'une louche pour y remédier.

Daurade au citron vert et vinaigrette aux deux citrons

POUR 4 PERSONNES
PRÉPARATION : 15 min
CUISSON : 20 à 30 min

- 1 daurade de 1,5 kg
- 1 1/2 citron jaune non traité
- 2 citrons verts non traités
- 3 cuill. à soupe d'huile d'olive
- 6 pommes de terre de type charlotte
- 1 oignon
- 1 bulbe de fenouil
- 4 gousses d'ail
- quelques brins de thym citron ou de thym commun
- 1 cuill. à café de graines de fenouil
- sel et piment d'Espelette

POUR LA VINAIGRETTE AUX DEUX CITRONS

- 5 cuill. à soupe d'huile d'olive
- le jus de 1 citron vert
- le jus de 1 citron jaune
- sel et piment d'Espelette

Demandez à votre poissonnier de vider et gratter la daurade. Lavez-la rapidement sous l'eau fraîche puis séchez-la soigneusement.

Brossez les citrons sous l'eau. Coupez un citron jaune et demi en quartiers, et les 2 citrons verts en fines tranches. Incisez les 2 filets de la daurade cinq fois puis placez dans chaque incision une rondelle fine de citron vert.

Préchauffez le four à 210 °C (therm. 7).

Mélangez 3 cuillerées à soupe d'huile d'olive avec un peu de piment d'Espelette et de sel. Badigeonnez entièrement le poisson (intérieur et extérieur) avec ce mélange et posez-le délicatement dans un plat creux.

Lavez les légumes et le thym. Pelez et taillez en rondelles épaisses les pommes de terre et l'oignon. Coupez le fenouil en quatre. Ne pelez pas les gousses d'ail. Posez ces légumes et les quartiers de citron jaune autour du poisson. Parsemez de thym citron effeuillé, de graines de fenouil, arrosez avec le reste d'huile d'olive pimentée et enfournez de 20 à 30 minutes.

Lorsque le poisson est cuit, préparez une vinaigrette tiède. Émulsionnez les 5 cuillerées d'huile d'olive, avec 2 cuillerées à soupe de jus de citron vert et 1 cuillerée à soupe de jus de citron jaune. Salez, pimentez, chauffez tout doucement et servez avec la daurade juste sortie du four.

> Conseil d'amie
Surveillez votre poissonnier et veillez à ce qu'il ne coupe ni les nageoires, ni la queue de la daurade qui, sans ces attributs, ne ressemble plus à un poisson. Choisissez de préférence une daurade sauvage et de ligne.

La clémentine et la mandarine

On peut dire que sans la mandarine, nommée ainsi en l'honneur des mandarins, hauts dignitaires chinois dont la robe de soie était de la même couleur que celle de ce fruit, la clémentine n'existerait pas. Car c'est bien après, en croisant un mandarinier avec un bigaradier, sorte d'oranger, qu'un religieux, nommé père Clément, à Oran, créa la clémentine.

Depuis, la clémentine a largement supplanté la mandarine et, d'octobre à février, elle inonde les étals des primeurs. Sa venue annonce prématurément les fêtes de Noël, son départ annonce prématurément l'arrivée du printemps. Son écorce est plus fine que celle de la mandarine, mais sa saveur est, à mon goût, moins subtile. Elle ne contient en général que très peu de pépins, tandis que la mandarine peut en regorger. Elle est aussi plus petite et moins rustique que sa cousine. Très riches en vitamine C, comme tout agrume qui se respecte, clémentines et mandarines sont les fruits parfaits de l'hiver.

Ni trop grosses ni trop petites, elles se transportent facilement, se pèlent tout aussi aisément et se mangent n'importe où, dès que la faim se fait sentir. À moins qu'elles ne se laissent « cuisiner »... et se transforment alors en salade parfumée, sorbet rafraîchissant et jus revigorant.

Comme une salade d'orange…

Salade de clémentines et mandarines

POUR 4 PERSONNES
PRÉPARATION : 10 min

- 5 clémentines douces sans pépins
- 5 mandarines
- 1 cuill. à café rase de cannelle en poudre
- 4 cuill. à soupe de cassonade
- 2 cuill. à café d'huile d'olive fruitée
- 2 cuill. à soupe d'eau de fleur d'oranger

Pelez les clémentines et les mandarines. Ensuite tranchez-les en rondelles d'environ 3 mm d'épaisseur et disposez-les par couches, bien à plat pour ne pas casser les tranches, dans un saladier.

Saupoudrez de cannelle, de cassonade, arrosez chaque couche de fruits de quelques gouttes d'huile d'olive fruitée et d'eau de fleur d'oranger. Couvrez et conservez au réfrigérateur.

Servez très frais. Mélangez délicatement les fruits juste au moment de les déguster.

> Conseil d'amie
Cette salade d'agrumes « à la marocaine » est délicieuse avec des petits sablés épicés, des spéculos, par exemple.

Sorbet à la clémentine et aux zestes d'orange confits

POUR 4 PERSONNES
PRÉPARATION : 15 min
CUISSON : 20 à 30 min

- 1 kg de clémentines sans pépins
- le jus de 1 citron
- 25 cl de sirop de canne roux
- 100 g de zestes d'orange confits

Pelez les clémentines. Ensuite coupez-les en morceaux, ôtez les pépins si nécessaire et mixez-les pendant 5 minutes dans un mixer avec le jus de citron, en ajoutant le sirop de canne. Puis filtrez le jus.

Hachez les zestes d'orange confits et mélangez-les avec le jus de clémentine.

Versez dans une sorbetière ou une turbine à glace et turbinez pendant 20 à 30 minutes.

Servez ce sorbet nature ou bien arrosé de Grand Marnier®.

C'est le jus idéal pour bien commencer la journée…
et tellement meilleur qu'un jus pasteurisé.

Jus de clémentine, pamplemousse, mangue et eau de rose

POUR 4 PERSONNES
PRÉPARATION : 10 min

- 6 clémentines sans pépins
- 1 pamplemousse rose
- 1 petite mangue bien mûre
- 50 g de miel liquide
- 2 cuill. à soupe d'eau de rose

Pelez à vif les agrumes sur une planche placée au-dessus d'un saladier pour ne pas perdre le jus. Ensuite coupez-les en morceaux et placez-les dans le bol d'un mixer avec leur jus. Pelez, dénoyautez et coupez la mangue en morceaux. Mélangez-la avec les agrumes. Ajoutez le miel, l'eau de rose et mixez pendant 5 minutes pour obtenir un jus mousseux et onctueux.

Si ce jus vous semble trop acide, ajoutez du miel.

Réservez au réfrigérateur 2 heures maximum et mixez à nouveau avant de servir, pour garder une texture idéale.

> Conseil d'amie
Vous n'aimez pas la saveur du miel ? Remplacez-le par du sirop d'érable.

Fruits exotiques

La banane

Heureusement que Joséphine Baker a fait danser ces belles demoiselles d'un beau jaune autour de sa taille de guêpe, sinon…

Sinon, ce fruit serait resté ce brave fruit que l'on déshabille en deux temps trois mouvements. Celui qui n'a ni gros pépins ni noyau embarrassants, le moins juteux de tous. Celui qui ne nécessite aucune dentition de pointe pour pouvoir être croqué. Celui que l'on emmène partout, dans le cartable à l'école et qui s'écrase au fond du sac à dos en randonnée, sans le tacher pour autant… Celui qui traverse toutes les saisons. Ce fruit un brin désuet qui réussit même à faire oublier ses origines tropicales.

Ma grand-mère Yvonne l'aimait autant que Joséphine, plus humblement peut-être, et en faisait un dessert délicieux, lorsque, délicatement, elle coupait une belle banane mûre en rondelles et la disposait avec amour sur une généreuse tartine de pain couverte de beurre salé puis la saupoudrait de sucre.

Une variante des tartines toutes simples de pain de campagne au beurre salé couvertes de rondelles de banane de ma mémé Yvonne.

Tartines de bananes au beurre salé et pain brioché

POUR 4 PERSONNES
PRÉPARATION : 10 min
CUISSON : 3 min

- 8 petites bananes naines
- le jus de 1/2 citron
- 4 tranches de pain brioché
- 100 g de beurre salé
- 4 cuill. à soupe de sucre en poudre

Pelez, coupez en deux dans la longueur les bananes naines et arrosez-les de jus de citron.

Toastez légèrement les tranches de pain brioché puis laissez-les refroidir et tartinez-les de beurre salé.

Rangez sur le beurre les morceaux de banane au citron, saupoudrez-les de sucre et passez-les 3 minutes sous le gril du four.

Croquez immédiatement.`

Compagnons rêvés des goûters d'affamés...

Muffins banane-citron

POUR 8 MUFFINS
PRÉPARATION : 15 min
CUISSON : 20 min

- 2 bananes de taille moyenne
- 1 citron non traité
- 100 g de farine
- 3 g de levure chimique
- 100 g de beurre salé
- 2 œufs
- 120 g de sucre en poudre

Préchauffez le four à 210 °C (therm. 7). Pelez, coupez en petits morceaux et arrosez de jus de citron les bananes. Prélevez le quart du zeste du citron et hachez-le finement. Mélangez la farine et la levure. Faites fondre le beurre.

Cassez les œufs, mélangez-les avec le sucre en les fouettant pour qu'ils deviennent mousseux. Ensuite incorporez progressivement le mélange de farine et de levure préalablement tamisé. Ajoutez le beurre fondu (refroidi), le zeste de citron et les petits morceaux de banane.

Répartissez la pâte dans des moules à muffin doublés d'une caissette en papier et enfournez. Faites cuire les muffins pendant 10 minutes à 210 °C (therm. 7), puis baissez la température du four à 180 °C (therm. 6) et prolongez la cuisson de 10 minutes.

Servez les muffins nature ou avec un coulis de chocolat tiède.

> Conseil d'amie

Choisissez pour cette recette des bananes mûres, non tachées mais bien parfumées.

Un pur régal de simplicité.

Bananes à la coque

POUR 4 PERSONNES
PRÉPARATION : 10 min
CUISSON : 15 min

- 4 bananes juste mûres
- 4 belles gousses de vanille
- 8 cuill. à café d'huile d'olive
- le jus de 1/2 citron
- 8 cuill. à café de miel liquide

Lavez les bananes puis détaillez chacune d'elles en deux tronçons. Coupez les queues et les bouts des bananes de manière à obtenir des tronçons qui puissent tenir « debout » dans le plat de cuisson. Gardez la peau.

Préchauffez le four à 210 °C (therm. 7). Fendez puis coupez en deux les gousses de vanille. Faites un trou dans chaque demi-banane (avec une brochette ou un pic en bois) puis enfoncez dans ce trou 1/2 gousse de vanille. Ensuite rangez les bananes dans le plat de cuisson. Arrosez chacune d'huile d'olive, de jus de citron puis de miel, et enfournez pendant 15 minutes, jusqu'à ce que la peau des bananes soit bien noire.

Arrosez-les une dernière fois de leur jus de cuisson et servez-les aussitôt.

Cette tarte est née le jour où, les bananes se partageant la vedette avec les pommes dans la coupe à fruits, j'ai choisi, par fainéantise et facilité, de peler, trancher et disposer sur la pâte lesdites bananes, à la place des pommes prévues.

Tarte fine bananes, citrons verts

POUR 4 PERSONNES
PRÉPARATION : 15 min
CUISSON : 30 à 40 min

POUR LA GARNITURE

- 2 citrons verts
- 3 belles bananes mûres
- 100 g de cassonade
- 1 cuill. à café de cannelle en poudre
- 2 cuill. à soupe de rhum blanc
- 20 g de beurre

POUR LA PÂTE

- 1 gousse de vanille
- 200 g de farine
- 50 g de cassonade
- 100 g de beurre salé
- 3 cl d'eau froide
- 1 pincée de sel

Brossez les citrons verts sous l'eau courante. Prélevez le zeste de l'un des deux, hachez-le le plus finement possible puis pressez les 2 citrons. Pelez puis coupez en rondelles les bananes. Ensuite saupoudrez-les de cassonade et de cannelle. Ajoutez le jus des citrons verts, le rhum et le zeste. Couvrez d'un film alimentaire et laissez macérer le temps de préparer la pâte.

Préchauffez le four à 210 °C (therm. 7).

Préparez la pâte. Fendez et grattez la gousse de vanille. Mélangez les graines de vanille avec la farine, la cassonade et le sel. Ajoutez le beurre, bien froid, coupé en petits morceaux et travaillez rapidement la pâte du bout des doigts. Versez ensuite l'eau froide et formez rapidement une boule. Écrasez cette boule une ou deux fois de la paume de la main puis étalez-la sur un plan de travail fariné en un grand disque fin, un peu comme une pizza.

Posez ce disque dans un moule à tarte, couvrez-le de bananes au rhum et au citron vert, nappez de jus de macération, parsemez de beurre coupé en petits morceaux et enfournez de 30 à 40 minutes. La tarte est cuite lorsque la pâte et les bananes sont bien dorées.

Cette tarte est délicieuse tiède ou froide, avec une boule de glace au rhum et aux raisins.

Un péché de gourmandise.

Nems de petites bananes au chocolat

POUR 4 PERSONNES
PRÉPARATION : 20 min
CUISSON : 5 min

- 8 petites bananes Fressinette
- 100 g de noix de coco râpée
- 8 feuilles à rouleau de printemps
- 200 g de chocolat au lait
- 1 blanc d'œuf
- 1 l d'huile de friture

Pelez les bananes. Faites griller à sec dans une poêle la noix de coco râpée. Ensuite roulez les petites bananes dans la noix de coco pour les enrober.

Décollez délicatement les feuilles à rouleau de printemps. Étalez 1 feuille bien à plat sur le plan de travail. Sur le bord de cette feuille, posez une petite banane à la noix de coco. Ajoutez 1 barre de chocolat au lait puis roulez la feuille en rabattant les côtés, comme pour fabriquer un rouleau de printemps. Maintenez-la ainsi roulée, en la collant avec le blanc d'œuf.

Procédez de la même manière pour les 7 autres petites bananes et réservez les nems au réfrigérateur, couverts d'un film alimentaire, jusqu'au moment de les cuire.

Chauffez l'huile de friture à 180 °C. Plongez les nems dans le bain de friture pendant 4 minutes, jusqu'à ce qu'ils soient dorés. Ensuite posez-les sur un plat couvert de papier absorbant et dégustez-les aussitôt, bien chauds et croustillants.

> Conseil d'amie
Les « tyj spring roll pastry » sont les feuilles de brick des Thaïlandais. C'est avec ces feuilles qu'ils font les pâtés impériaux. Plus épaisses, plus solides que les feuilles de brick et de forme carrée, alors qu'une feuille de brick est ronde, vous les trouverez surgelées, dans les épiceries asiatiques.

On associe souvent le boudin noir avec les pommes… et pourquoi pas avec des bananes, pour changer.

Bouchées brisées de boudin noir et purée de bananes au quatre-épices

POUR ENVIRON 12 BOUCHÉES
PRÉPARATION : 20 min
CUISSON : 35 min

POUR LA PÂTE
- 100 g de beurre salé
- 200 g de farine
- 1 œuf entier
- 1 jaune d'œuf

POUR LA FARCE
- 3 bananes mûres
- 1 cuill. à café de raisins secs
- 1 cuill. à soupe de jus de citron
- 30 g de beurre
- 2 cuill. à soupe de cassonade
- 1/2 cuill. à café de quatre-épices
- 300 g de boudin noir
- sel et poivres mélangés du moulin

Préparez la pâte. Coupez le beurre bien froid en petits morceaux puis mélangez-le rapidement avec la farine et l'œuf battu en omelette. Ne travaillez pas la pâte, ajoutez l'eau froide et formez rapidement une boule. Écrasez la boule de la paume de la main puis reformez-la. Recommencez cette opération deux fois, puis emballez la boule de pâte dans un film alimentaire et laissez-la reposer 30 minutes.

Pelez et coupez les bananes en petits morceaux. Placez-les avec les raisins secs dans une casserole et arrosez-les de jus de citron. Ajoutez le beurre, la cassonade, 2 tours de moulin à poivre, une pincée de sel, le quatre-épices et portez à frémissements. Faites cuire ces bananes à feu doux pendant 15 minutes puis, hors du feu, ajoutez le boudin, coupé en rondelles et débarrassé de sa peau. Laissez refroidir.

Préchauffez le four à 210 °C (therm. 7). Fouettez le jaune d'œuf avec un peu d'eau. Sur un plan de travail fariné, étalez la pâte sur 2 mm d'épaisseur. Avec un verre d'environ 10 cm de diamètre (ou un emporte- pièce de même taille), découpez des disques. Posez sur chaque disque un peu de compote de bananes au boudin. Badigeonnez la bordure d'eau fraîche puis repliez le disque sur la farce pour former des petits chaussons. Appuyez du bout des doigts ou avec une fourchette pour bien souder le pourtour, badigeonnez les petits chaussons ainsi obtenus avec le jaune d'œuf battu, pour qu'ils se colorent à la cuisson, et posez-les délicatement sur la tôle du four tapissée de papier sulfurisé.

Enfournez pour 20 minutes et laissez cuire les bouchées jusqu'à ce qu'elles soient dorées. Dégustez-les tièdes, accompagnées ou non d'une petite salade un peu amère.

> Conseil d'amie
Seule la pâte peut être préparée à l'avance car les bananes, même cuites, s'oxydent rapidement. N'hésitez pas à la congeler.

L'ananas

Pour qui se prend-il, ce beau fruit qui affiche ostensiblement la manière dont il voyage ? Tandis que d'autres restent plus discrets... En avion, réserve-t-il en business ou en classe éco ? Ça, il ne nous le dit pas. Par contre, s'il se garde bien de nous informer de sa venue par bateau, c'est qu'il y a anguille sous roche. En effet, ce bel animal, dont la structure fait fortement penser à une pomme de pin (les Anglais ne s'y sont pas trompés, qui l'ont nommé *pineapple*), n'aime pas trop la mer et sa santé s'en ressent fortement, quand, cueilli vert, il doit naviguer de longues semaines avant d'accoster sur nos marchés.

Un premier conseil donc, choisissez un ananas qui n'a pas fait la transat, un ananas venu jusqu'à nous par les airs. Cajolé, emballé dans des alvéoles prévues juste pour lui, il sera cueilli à maturité, sur pied, sur place et arrivera, à point, sur l'étal du primeur.

Un deuxième conseil à présent. Malgré son apparente robustesse, l'ananas est un petit être fragile qui ne supporte pas trop les chocs. Choisissez-le donc d'un bel orangé uniforme, sans taches, bien ferme et très odorant.

Et si après ces deux conseils précieux vous hésitez encore, choisissez un primeur qui vend des demi-ananas : ainsi vous pourrez juger plus aisément de sa chair, qui doit être, elle, d'un beau jaune pâle uniforme, proche du beurre.

Un pur délice de gourmandise, dans lequel ce petit ananas victoria se concentre et prend des saveurs de bonbon.

Ananas rôti à la vanille et aux épices

POUR 4 PERSONNES
PRÉPARATION : 15 min
CUISSON : 35 min

- 1 petit ananas victoria mûr
- le jus de 1 orange
- 150 g de cassonade
- 1 cuill. à café de gingembre en poudre
- 1 cuill. à café de cannelle en poudre
- 4 gousses de vanille
- le jus de 1/2 citron vert

Préchauffez le four à 180 °C (therm. 6).

Pelez l'ananas en préservant son plumet et en veillant à éliminer tous les « yeux ». Pour cette opération, placez la planche au-dessus d'un saladier, de manière à ne pas perdre le jus du fruit. Mélangez ce jus avec celui de l'orange, la cassonade, les épices et les graines de 1 gousse de vanille, fendue et grattée. Portez à ébullition et laissez réduire jusqu'à ce que vous obteniez un sirop.

Coupez les autres gousses de vanille en deux puis piquez-les dans l'ananas. Posez l'ananas dans un plat, arrosez-le de sirop parfumé et enfournez pendant 35 minutes. Faites cuire l'ananas en l'arrosant régulièrement de sirop, qui caramélise au fur et à mesure. Si ce dernier venait à manquer, versez un petit verre d'eau dans le plat. Lorsque l'ananas est cuit, sortez-le de son plat et laissez-le tiédir. Versez le jus de citron vert dans le plat, chauffez-le légèrement pour bien délayer le caramel.

Servez l'ananas tiède, en rondelles ou en tranches, nappé de sauce caramélisée au citron vert.

> Conseil d'amie
Il n'est pas interdit de verser sur le fruit, au moment de le servir, un peu de rhum brun flambé.

L'ananas victoria est un petit ananas très ferme, très sucré, parfait pour réaliser cette recette.

Tatin à l'ananas et au rhum

POUR 4 À 6 PERSONNES
PRÉPARATION : 15 min
CUISSON : 40 min

- 2 ananas victoria
- le jus de 2 citrons verts
- 150 g de sucre
- 5 cl d'eau
- 80 g de beurre
- 5 cl de rhum blanc
- 1 abaisse de pâte feuilletée de 230 g

Préchauffez le four à 210 °C (therm. 7). Pelez les 2 ananas en prenant bien soin d'ôter tous les « yeux ». Ensuite tranchez-les en rondelles d'environ 3 mm d'épaisseur et arrosez-les de jus de citron vert.

Préparez le caramel. Versez le sucre dans une casserole à fond épais, ajoutez 5 cl d'eau et portez doucement à ébullition pour commencer la cuisson du caramel. Lorsque le sirop commence à prendre une belle couleur ambrée, hors du feu, ajoutez le beurre et le rhum. Mélangez énergiquement pour obtenir un caramel onctueux.

Versez la moitié de ce caramel dans le fond d'un moule à tarte antiadhésif de 22 cm de diamètre, puis posez une première couche de tranches d'ananas. Ensuite versez le reste de caramel et posez les tranches d'ananas restantes. Patientez quelques instants, le temps que le caramel et les fruits refroidissent, puis posez l'abaisse de pâte feuilletée en la rabattant légèrement à l'intérieur du moule. Ensuite enfournez pendant 15 minutes à 210 °C (therm. 7), puis baissez la température à 180 °C (therm. 6), et prolongez la cuisson pendant 25 minutes.

Lorsque la pâte feuilletée est bien dorée, sortez la tatin du four et démoulez-la délicatement sur un plat.

> Conseils d'amie
Cette tarte Tatin d'ananas est meilleure au sortir du four, alors préparez-la, réservez-la au réfrigérateur et enfournez-la en milieu de repas. Ou bien réchauffez-la doucement.

Vous ne trouvez pas d'ananas victoria ? Remplacez-le par un ananas « classique », de petite taille, sucré et ferme.

Si Parme s'était située sur l'île de La Réunion, ce divin jambon aurait certainement été servi, tout naturellement, avec cet ananas délicat.

Carpaccio d'ananas et jambon cru aux poivres

POUR 4 PERSONNES
PRÉPARATION : 10 min

- 1 ananas victoria
- quelques gouttes de jus de citron vert
- quelques gouttes de vinaigre balsamique réduit, appelé aussi sirop de vinaigre balsamique
- 8 tranches fines de jambon de Parme
- 4 cuill. à soupe d'huile d'olive
- fleur de sel, poivres noir et vert, baies roses écrasées

Coupez le plumet de l'ananas, pelez le fruit et ôtez tous les « yeux » soigneusement. Ensuite tranchez-le le plus finement possible en carpaccio, avec la lame très tranchante d'un grand couteau ou à la mandoline.

Couvrez quatre assiettes de ce carpaccio d'ananas puis ajoutez quelques gouttes de jus de citron vert et de sirop de vinaigre balsamique. Posez le jambon de Parme en chiffonnade, salez légèrement de fleur de sel, arrosez d'huile d'olive et parsemez de poivres mélangés concassés.

Servez aussitôt avec des tranches de pain brioché grillé.

L'ananas victoria est un tout petit ananas aux feuilles dentelées, à la saveur acidulée tirant parfois sur le bonbon. Depuis peu, ce beau fruit, lorsqu'il est élevé à La Réunion, est estampillé « label rouge », gage de qualité.

Rouleaux de printemps à l'ananas, avocat, crevette et menthe fraîche

POUR 4 PERSONNES
PRÉPARATION : 20 min

- 1 ananas victoria
- 2 avocats
- 12 queues de crevettes décortiquées cuites
- 1 botte de ciboule (dans les épiceries asiatiques)
- 8 feuilles de menthe
- 50 g de vermicelles de riz
- 2 grandes feuilles de riz

POUR LA SAUCE VANILLÉE

- 1 gousse de vanille
- 1/2 petit piment rouge frais
- 1 gousse d'ail
- 1 cm de gingembre frais
- 10 cl d'eau
- 2 cuill. à soupe de sucre semoule
- 2 cuill. à soupe de vinaigre de xérès
- 1 cuill. à café de nuoc-mâm

Pelez, ôtez les « yeux » puis détaillez l'ananas en bâtonnets d'environ 10 cm de longueur sur 1 cm d'épaisseur. Pelez, dénoyautez et détaillez les avocats en fines lamelles. Coupez les queues de crevette en deux dans leur épaisseur. Pelez, lavez et coupez les ciboules sur environ 10 cm de longueur. Lavez et essorez délicatement les feuilles de menthe. Plongez 2 minutes dans de l'eau bouillante les vermicelles de riz puis égouttez-les.

Préparez la sauce vanillée. Fendez la gousse de vanille et le piment en deux. Épépinez ce dernier et hachez-le finement. Pelez et hachez finement l'ail et le gingembre. Portez l'eau à ébullition avec le sucre et la gousse de vanille. De la pointe d'un couteau, libérez dans le liquide les grains de vanille, puis retirez la gousse. Ajoutez le piment, l'ail, le gingembre, le vinaigre et le nuoc-mâm et laissez refroidir.

Plongez les feuilles de riz dans un récipient d'eau froide puis, lorsqu'elles sont souples, posez-les sur un linge humide. Coupez-les en deux et intercalez entre chacune une serviette humide afin qu'elles ne sèchent pas.

Étalez bien à plat sur le plan de travail 1/2 feuille de riz assouplie. Sur sa partie arrondie, à 1 cm du bord, sur une longueur d'environ 10 cm, posez 2 feuilles de menthe, des bâtonnets d'ananas et des lamelles d'avocat. Ajoutez les ciboules, les vermicelles, les crevettes et un peu de sauce vanillée. Rabattez ensuite les côtés puis roulez délicatement la feuille de riz sur elle-même. Maintenez les rouleaux bien serrés en les emballant dans un film alimentaire et réservez-les au frais.

Servez les rouleaux de printemps avec la sauce vanillée aigre-douce.

> Pour s'organiser
Préparez la sauce la veille. Les rouleaux, eux, sont toujours meilleurs lorsqu'ils sont faits le jour même.

Le kiwi

Qu'est-ce qui est duveteux, voire poilu, de forme oblongue, de couleur mordorée et a une chair d'un beau vert pâle ou d'un jaune bronze, criblée de centaines de minuscules petites graines sombres ? Qu'est-ce qui pousse sur une longue et robuste liane, vient à maturité aux premières gelées lorsque les feuilles de cette liane justement tombent ? Qu'est-ce qui se fait aussi joliment appeler « groseille de Chine » ? Qu'est-ce qui contient tant de vitamine C, qu'on le dit, à quantité égale, deux fois plus vitaminé qu'une orange ? Qu'est-ce qui, au Scrabble, permet de marquer un maximum de points (surtout sur mot compte triple) en un minimum de lettres ? Mais là je m'égare...

Ce bel animal, ou plutôt ce beau fruit, c'est le kiwi.

Peu connu il y a encore trente ans, où il était rare sur nos marchés, le kiwi a gagné ses lettres de noblesse grâce à ses vertus nutritives autant que gustatives et, désormais, est présent toute l'année.

Produit essentiellement en Nouvelle-Zélande, en Italie et au Chili, il pousse aussi en France, se choisit ferme, mais pas dur, et se déguste nature, chaque matin, pour avoir la pêche, en confiture, en granité ou en salade.

Pour cette confiture, choisissez des kiwis encore un peu fermes.

Confiture de kiwis à la vanille

POUR 4 POTS D'ENVIRON 200 G
PRÉPARATION : 15 min
CUISSON : 15 à 20 min
MACÉRATION : 1 nuit

- 1 kg de kiwis
- le jus de 2 citrons
- 500 g de sucre en poudre
- 2 gousses de vanille
- 200 g de gelée de pommes

Pelez puis coupez en morceaux les kiwis. Ensuite mélangez-les délicatement avec le jus de citron et le sucre en poudre. Laissez macérer dans un endroit frais pendant 3 heures.

3 heures plus tard, les kiwis auront rendu du jus. Mélangez-les délicatement avec ce jus sucré et versez-les dans une bassine à confiture. Portez à ébullition pendant 3 minutes, écumez et versez dans une jatte. Ajoutez les gousses de vanille coupées en petits tronçons, couvrez d'un film alimentaire et réservez au frais jusqu'au lendemain.

Le lendemain, prélevez les deux tiers des fruits et la vanille. Mixez le reste des kiwis avec le jus de cuisson et portez à ébullition avec la gelée de pommes. Ajoutez les morceaux de kiwi, les tronçons de gousse de vanille et poursuivez la cuisson pendant 10 minutes, à feu modéré. Vérifiez la nappe de la confiture. Si la confiture est à point, elle doit figer lorsqu'elle est déposée, en petite quantité, sur une assiette maintenue au préalable au réfrigérateur.

Versez dans des pots à confiture bien propres et bien secs en plaçant dans chacun un morceau de gousse de vanille. Couvrez à chaud avec un couvercle ou à froid avec une couche de paraffine.

Les kiwis sont toujours difficiles à choisir. Trop mûrs, ils manquent de fermeté et sont moins agréables à déguster « crus ». Pas assez mûrs, ils sont trop durs, ils manquent de saveur. Pour ce granité, privilégiez des kiwis mûrs, au goût plus prononcé, et faites fi de leur consistance puisqu'ils sont mixés.

Granité kiwi, menthe

POUR 4 PERSONNES
PRÉPARATION : 15 min
CONGÉLATION : 3 h minimum

- 8 beaux kiwis mûrs
- le jus de 1 citron
- 1 petit bouquet de menthe fraîche
- 30 cl d'eau
- 200 g de cassonade

Pelez puis coupez en morceaux les kiwis. Arrosez-les de jus de citron. Lavez, séchez, effeuillez et hachez grossièrement la menthe fraîche.

Portez l'eau et la cassonade à ébullition puis, hors du feu, faites-y infuser la menthe, à couvert, pendant 10 minutes. Ensuite ajoutez les kiwis et mixez le tout finement. Versez ce jus dans un plat un peu creux sur environ 3 cm d'épaisseur. Posez le plat dans le congélateur et patientez 30 minutes, le temps que le jus durcisse un peu. Avec une fourchette, grattez la surface pour la pailleter et préparez ainsi un granité. Renouvelez l'opération autant de fois que nécessaire jusqu'à ce que tout le jus soit givré et transformé en paillettes.

Servez nature ou arrosé d'un peu de Cointreau.

> Conseil d'amie
Si vous possédez un mixer puissant capable de faire de la glace pilée, versez le jus de kiwi à la menthe dans des bacs à glaçons, laissez-le prendre au congélateur puis broyez les glaçons au mixer, pour les piler. Vous obtiendrez un granité moins fin mais tout aussi rafraîchissant.

Une petite recette inspirée des Antilles, où morue, avocat et citron vert règnent en maîtres... Il ne manquait plus que le kiwi pour parfaire cette salade acidulée.

Kiwis et avocats concassés à la morue pimentée

POUR 4 PERSONNES
PRÉPARATION : 15 min
DESSALAGE DE LA MORUE : 6 h

- 300 g de morue
- 4 kiwis fermes
- 1 avocat
- 1 citron vert
- 2 pommes Granny Smith
- 1 petit piment
- 4 cuill. à soupe d'huile d'olive
- sel

Faites dessaler la morue. Posez-la dans une passoire dans un saladier. Couvrez-la d'eau froide et laissez-la ainsi dessaler pendant 6 heures en renouvelant l'eau toutes les heures. Ensuite faites-la cuire à la vapeur pendant 10 minutes et laissez-la refroidir.

Pelez les kiwis et l'avocat. Lavez puis prélevez le zeste de la moitié du citron vert avec une petite râpe fine. Ensuite pressez le citron. Lavez les pommes, ôtez leurs cœurs au vide-pomme et coupez-les en rondelles d'environ 4 mm d'épaisseur.

Coupez les kiwis et l'avocat en petits dés puis arrosez-les de jus de citron vert. Lavez, épépinez et hachez le piment. Retirez les arêtes de la morue, et émiettez-la. Mélangez délicatement les kiwis, l'avocat, le piment, la morue et le zeste de citron vert. Assaisonnez d'huile d'olive, salez légèrement, car la morue l'est déjà naturellement, et servez sur les rondelles de pomme.

La mangue

Bien avant de rencontrer l'arbre qui les porte, j'étais déjà tombée sous le charme de ces beaux fruits lourds et généreux dont la chair orangée est tellement onctueuse et parfumée. Mais la première fois que j'ai vu un manguier, sans même savoir de quel arbre il s'agissait, ce fut un coup de foudre.

Dans la touffeur de la Casamance, je profitais de l'ombre d'un immense arbre majestueux, couvert de longues feuilles vertes vernissées, quand mon regard s'est posé sur une de ses branches. Ce n'était pas la saison des mangues, seuls de tout petits fruits verts commençaient à pousser. C'est en cueillant un de ces drôles de petits boutons que s'est dégagée une forte odeur de térébenthine, une odeur capiteuse qui m'a immédiatement évoqué le parfum de la mangue. J'ai regretté de ne pouvoir rester jusqu'à la belle saison...

Et, depuis, je rêve de faire pousser dans mon petit jardin ce bel arbre, au feuillage persistant, pour en récolter ses si jolis fruits.

Choisissez, pour cette recette, des mangues indiennes de taille moyenne, encore un peu fermes.

Mangues grillées au miel et épices pour pain d'épice

POUR 4 PERSONNES
PRÉPARATION : 10 min
CUISSON : 5 min

- 4 mangues indiennes de taille moyenne
- 4 cuill. à soupe de miel
- 4 cuill. à café d'épices pour pain d'épice

Coupez les mangues en deux en laissant de côté les noyaux.

Ensuite incisez la chair de la pointe d'un couteau d'office puis badigeonnez chaque demi-mangue ainsi préparée de miel. Saupoudrez-les d'épices pour pain d'épice et passez-les sous le gril du four pendant 5 minutes pour les dorer.

Servez nature ou avec une glace au pain d'épice et des brisures de spéculos.

> Conseil d'amie
Le mélange d'épices pour pain d'épice est constitué de cannelle, de clous de girofle, de noix de muscade, de coriandre et de poivre de Jamaïque. Si vous ne le trouviez pas tout fait, fabriquez-le.

Onctueux et tonique à la fois !

Smoothie mangue, orange et gingembre

POUR 4 PERSONNES
PRÉPARATION : 15 min

- 1 grosse mangue bien mûre d'environ 650 g
- 2 oranges à jus
- 1/2 citron
- 1 cm de gingembre frais
- 4 cuill. à soupe de cassonade
- 1 tour de moulin à poivre

Pelez, dénoyautez puis coupez la mangue en morceaux.
Pressez les 2 oranges et le 1/2 citron. Pelez puis pressez le gingembre frais, à l'aide d'un presse-ail, au-dessus du verre de jus d'agrumes pour récupérer le jus et la pulpe du gingembre. Le presse-ail retiendra la partie filandreuse du rhizome de gingembre.

Mixez les morceaux de mangue avec le jus des oranges et du citron au gingembre, la cassonade et le poivre.

Versez dans quatre verres, ajoutez un beau glaçon et goûtez.

> Conseil d'amie
Pour rendre ce smoothie encore plus onctueux, ajoutez une petite banane. Ce smoothie peut aussi faire office de coulis pour accompagner un gâteau moelleux au chocolat.

Un dessert « en kit », qui ne nécessite pas de préparation et fait toujours de l'effet.

Mangue au beurre salé, cassonade et noix de coco grillée en tartelettes express

POUR 4 PERSONNES
PRÉPARATION : 10 min
CUISSON : 5 min

- 2 mangues mûres mais fermes
- 100 g de beurre salé
- le jus de 1/2 citron
- 50 g de cassonade
- 50 g de noix de coco râpée
- 8 grands biscuits sablés au beurre

Pelez, dénoyautez et coupez les mangues en dés. Faites fondre le beurre salé dans une poêle antiadhésive. Lorsqu'il mousse, ajoutez les dés de mangue, le jus de citron et la cassonade. Faites dorer à feu vif les fruits pendant 5 minutes en remuant la poêle.

Dorez à sec la noix de coco râpée sous le gril du four. Couvrez les biscuits sablés de mangue au beurre salé. Parsemez-les de noix de coco grillée et régalez-vous.

> Conseil d'amie
J'aime tout particulièrement les sablés anglais, nature ou au gingembre, appelés *shortbreads*. Mais si vous n'en trouviez pas, remplacez-les par de bonnes galettes bretonnes au beurre

Une entrée fraîche et légère d'inspiration thaïlandaise.

Salade épicée de mangues vertes, huile d'olive et crevettes à l'ail

POUR 4 PERSONNES
PRÉPARATION : 15 min
CUISSON : 4 min

- 16 crevettes crues
- 1 gousse d'ail
- 1 cm de gingembre frais
- le jus de 1/2 citron vert
- 3 belles mangues vertes de Thaïlande
- 4 petits oignons botte
- 50 g de cacahuètes non salées
- 2 cuill. à soupe d'huile d'olive
- sel

POUR LA SAUCE

- le jus de 1 citron vert
- 2 cuill. à soupe de cassonade
- 2 cuill. à soupe d'huile d'olive
- 1 cuill. à soupe de sauce soja japonaise
- 1 petit piment vert
- sel

Décortiquez les queues des crevettes. Pelez et dégermez l'ail, pelez le gingembre. Pressez ail et gingembre, à l'aide d'un presse-ail, sur les crevettes décortiquées, ajoutez le jus du demi-citron vert, un peu de sel et laissez mariner le temps de préparer les mangues, les oignons et les cacahuètes.

Pelez, dénoyautez et coupez en lamelles fines les mangues vertes. Pelez et émincez les oignons. Hachez grossièrement puis grillez à sec les cacahuètes.

Préparez la sauce en mélangeant tous les ingrédients avec le piment épépiné et haché finement.

Chauffez l'huile d'olive dans une poêle antiadhésive. Posez les crevettes marinées dans l'ail et le gingembre et faites-les dorer pendant 4 minutes. Salez.

Disposez les lamelles de mangue verte sur les assiettes. Ajoutez les oignons, les crevettes, parsemez de cacahuètes grillées et servez aussitôt.

> Conseil d'amie

Vous trouverez des mangues vertes de Thaïlande dans les épiceries asiatiques. Si tel n'était pas le cas, préparez cette recette avec des mangues très fermes, manquant de maturité, elles n'ont pas le même parfum mais peuvent, à défaut, les remplacer.

La noix de coco

Difficile de penser à la noix de coco sans penser au cocotier qui la porte. Et difficile de penser au cocotier sans penser farniente, chaleur, mer turquoise, ciel bleu et hamac. Si bien que ce palmier, qui ne pousse que sous de lointaines latitudes, nous est finalement devenu très familier.

Avant de goûter à la pulpe encore humide d'une noix de coco à maturité, nous avons tous utilisé cette fameuse noix de coco séchée et râpée vendue dans toutes les épiceries. Avant de plonger une paille dans l'eau désaltérante d'une noix de coco immature, fraîchement cueillie, nous avons tous goûté au lait de coco onctueux, conservé dans ces petites boîtes de 40 cl.

La noix de coco demeure aussi populaire que la pomme ou la poire. Elle est, plus que tous les autres fruits, associée au sucre, au bonbon, au dessert, à l'enfance (qui ne s'est pas un jour régalé de « boules coco » ultra-sucrées ?). Et lorsqu'elle flirte avec le piment, elle séduit les adultes que nous sommes devenus, nous prenant par les papilles pour nous emmener dans ces contrées paradisiaques, là où poussent les majestueux cocotiers.

Aux Antilles, il existe des sachets de poudre, qu'il ne reste plus qu'à diluer dans un peu d'eau pour préparer ces blancs-mangers...
J'ai voulu retrouver ce goût unique, mais en fabriquant ce dessert avec des « vrais ingrédients ».
Et ça marche...

Blanc-manger coco comme aux Antilles

POUR 4 PERSONNES
PRÉPARATION : 15 min
RÉFRIGÉRATION : 1 h

- 1/2 citron vert
- 40 cl de lait de coco (1 boîte)
- 1 gousse de vanille
- 1 cuill. à café de cannelle en poudre
- 3 feuilles de gélatine (environ 2 g par feuille)
- 6 cuill. à soupe de lait concentré sucré
- 250 g d'ananas victoria (ou 1/2 petit ananas)

Lavez, séchez puis râpez finement le zeste du demi-citron vert. Chauffez doucement le lait de coco avec la gousse de vanille fendue, le zeste râpé et la cannelle.

Pendant ce temps, mettez les feuilles de gélatine dans l'eau froide afin qu'elles ramollissent. Ensuite essorez-les entre vos mains puis, hors du feu, plongez-les dans le lait de coco chaud. Elles fondent instantanément. Ajoutez le lait concentré sucré, mélangez puis laissez tiédir.

Coupez l'ananas en petits dés, que vous répartirez dans quatre verres. Ôtez la gousse de vanille du lait de coco puis versez ce dernier sur les fruits. Placez ensuite les verres au réfrigérateur et patientez 1 heure.

Vous pouvez servir ces blancs-mangers nature ou accompagnés d'un coulis de mangues légèrement citronné.

> Conseil d'amie
Ce dessert se conserve 3 jours au réfrigérateur, couvert d'un film alimentaire. Ce qui peut être très pratique pour s'organiser.

> Pour varier
Vous n'aimez pas l'ananas ? Préparez les blancs-mangers « nature ».

Des petits gâteaux simplissimes, à distribuer sans compter, que ma mère faisait, en deux temps trois mouvements, avec les blancs d'œuf laissés de côté après avoir préparé une crème anglaise.

Petits rochers à la noix de coco

POUR ENVIRON 12 PETITS ROCHERS
PRÉPARATION : 5 min
CUISSON : 10 min

- 1 gousse de vanille
- 2 blancs de petits œufs
- 90 g de noix de coco râpée
- 60 g de sucre semoule
- 1 cuill. à soupe de sucre glace
- 1 petite pincée de sel

Préchauffez le four à 180 °C (therm. 6).

Fendez puis grattez la gousse de vanille pour en extraire les graines. Mélangez rapidement les blancs d'œuf avec la noix de coco, le sucre semoule, les graines de vanille et la pincée de sel. Laissez reposer 15 minutes la pâte obtenue.

Couvrez la tôle du four d'une feuille de papier sulfurisé puis prenez un peu de pâte entre deux cuillères à café et déposez-la sur la tôle. Trempez le bout de vos doigts dans un peu d'eau froide et pincez ce petit tas de pâte pour façonner une pyramide. Préparez ainsi douze petits rochers.

Enfournez et cuisez pendant 10 minutes, jusqu'à ce que les bords des rochers soient dorés. Ensuite laissez-les refroidir sur une grille puis saupoudrez-les de sucre glace.

Gardez ces petits rochers dans une boîte fermant hermétiquement pour ne pas qu'ils se dessèchent. Ils se conservent une dizaine de jours.

> Conseils d'amie
Pour varier les plaisirs, ajoutez dans la pâte un peu de quatre-épices en poudre et si vous êtes vraiment gourmand, trempez la pointe de chaque rocher dans un peu de chocolat fondu. Ensuite laissez refroidir et réservez dans une boîte.

Pour corser un peu la saveur de ces petits rochers, grillez à sec dans une poêle la moitié de la noix de coco râpée avant de la mélanger avec les blancs d'œuf et le sucre.

Vous n'avez pas de gousse de vanille ? Remplacez le sucre par 8 sachets de sucre vanillé (8 fois 7,5 g).

La noix de coco râpée rancit assez rapidement. Regardez donc attentivement la date de péremption inscrite sur le sachet et choisissez la plus longue. Ensuite ne la gardez pas trop longtemps.

PETIT
NANTES

Une autre idée de la crème caramel de nos bistrots. Un peu plus exotique mais tout aussi délicieuse.

Crème tout caramel, coco

POUR 4 PERSONNES
PRÉPARATION : 15 min
CUISSON : 30 min pour la crème et 10 min par caramel
RÉFRIGÉRATION : 6 h

- 2 cuill. à soupe de noix de coco râpée
- 40 cl de lait de coco (1 boîte)
- 2 œufs entiers
- 3 jaunes d'œuf
- 40 g de sucre semoule

POUR LES 2 CARAMELS
- 125 g de sucre semoule
- 6 cl d'eau

Placez un bain-marie dans le four à 180 °C (therm. 6).

Préparez un premier caramel. Versez 50 g de sucre dans une petite casserole à fond épais. Ajoutez 3 cl d'eau et portez à ébullition, doucement sans mélanger. Lorsque le sucre et l'eau forment un sirop épais, soyez attentif et poursuivez la cuisson jusqu'à l'obtention d'une belle couleur caramel. Ôtez alors la casserole du feu pour la poser dans un saladier d'eau froide, arrêtant ainsi la cuisson du caramel, puis laissez refroidir.

Faites griller, à sec dans une poêle, la noix de coco râpée. Portez le lait de coco à frémissements. Fouettez les œufs entiers et les jaunes avec 40 g de sucre. Lorsque le caramel est froid, ajoutez-y le lait de coco et portez à nouveau à frémissements jusqu'à ce que le caramel ait totalement fondu dans le lait. Versez ce lait de coco au caramel sur les œufs sucrés, ajoutez la noix de coco grillée et mélangez intimement.

Préparez un second caramel (comme le premier) avec 75 g de sucre et 3 cl d'eau et coulez-le dans le fond d'un moule haut antiadhésif, d'environ 14 cm de diamètre. Versez ensuite le mélange au caramel et posez le moule dans le bain-marie chaud.

Lorsque la crème est cuite, comptez environ 30 minutes, sortez-la du bain-marie, laissez-la refroidir puis couvrez-la d'un film alimentaire et placez-la pendant 6 heures au réfrigérateur. Au moment de servir, posez le fond du moule dans une eau bien chaude puis démoulez la crème sur un plat un peu creux.

> Conseil d'amie
N'hésitez pas à préparer ces petites crèmes dans des moules individuels. Et démoulez-les au fur et à mesure de vos envies. Elles se conservent 3 ou 4 jours au réfrigérateur, couvertes d'un film alimentaire.

Un petit plat à goûter accompagné
d'un bol de riz thaï parfumé…
et d'un poulet émincé grillé, pour celles
et ceux qui ont vraiment très faim.

Curry de légumes au lait de coco épicé

POUR 4 PERSONNES
PRÉPARATION : 15 min
CUISSON : 12 min

- 2 cuill. à soupe de noix de coco râpée
- 20 cl de lait de coco
- 2 carottes nouvelles
- 100 g de pois gourmands
- 100 g de petits pois écossés
- 100 g de mini-épis de maïs frais
- 4 oignons nouveaux
- 1 gousse d'ail
- 3 cuill. à soupe d'huile d'olive
- 1 cuill. à café de pâte de curry vert ou jaune
- 1 cuill. à soupe de nuoc-mâm

Grillez à sec dans une poêle la noix de coco râpée. Ouvrez la boîte de lait de coco.

Pelez, lavez et coupez en rondelles les carottes. Effilez puis lavez les pois gourmands. Lavez les petits pois écossés et les mini-épis de maïs. Pelez, équeutez et coupez en quatre les oignons. Pelez, dégermez et hachez l'ail.

Faites cuire tous les légumes, sauf les oignons et l'ail, pendant 5 minutes à la vapeur (ou à l'eau bouillante salée). Ensuite refroidissez-les sous l'eau fraîche pour arrêter leur cuisson et égouttez-les.

Chauffez l'huile d'olive dans une sauteuse. Ajoutez les oignons et l'ail, patientez 2 minutes puis ajoutez la pâte de curry. Patientez encore 2 minutes puis versez tous les légumes. Faites-les sauter vivement 3 minutes en les remuant délicatement puis versez le lait de coco. Portez à ébullition, versez le nuoc-mâm et servez aussitôt avec la noix de coco grillée.

Le litchi

Le litchi ou letchi, selon qu'il est cultivé en Asie du Sud-Est, en Inde, à Madagascar ou à La Réunion, pousse en grosses grappes d'une douzaine de fruits, sur des arbres de taille moyenne, bigarrant le vert de leur feuillage persistant de taches d'un rose éclatant.

Tout dans ce fruit évoque la subtilité et la volupté. Son nom résonne comme une douceur succulente, tandis que sa couleur délicate, « vieux rose » mâtiné de rouge, ne peut qu'évoquer finesse et suavité.

Sous son écorce légèrement écailleuse, mate et résistante, se cache une chair translucide, juteuse, douce et parfumée. Et sous cette pulpe gorgée de sucre se cache un noyau aux faux airs de petit marron d'Inde oblong, ce fameux noyau, qui, lorsqu'il est trop gros, nous laisse sur notre fin et notre faim, frustré de ne pouvoir savourer suffisamment ce beau fruit sensuel.

Litchis, crème à la rose et biscuits roses de Reims écrasés

POUR 4 PERSONNES
PRÉPARATION : 15 min
CUISSON : 10 min

- 12 litchis frais
- 50 g de pistaches vertes non salées
- 40 g de farine de riz
- 20 cl du sirop de 1 boîte de litchis au sirop
- 30 cl de lait entier pasteurisé
- 50 g de sucre semoule
- 1 cuill. à soupe d'eau de rose
- 2 biscuits roses de Reims

Pelez et dénoyautez les litchis au-dessus d'un saladier pour ne pas perdre leur jus. Hachez irrégulièrement les pistaches.

Diluez la farine de riz dans 5 cl de sirop et le jus de litchi, puis mélangez le reste de sirop avec le lait et le sucre et portez le tout à ébullition. Incorporez la farine de riz diluée et 40 g de pistaches hachées et laissez frémir pendant environ 10 minutes jusqu'à ce que la crème épaississe. Hors du feu, ajoutez l'eau de rose.

Répartissez 8 litchis dénoyautés dans quatre verres, versez par-dessus la crème de pistache à la rose puis laissez refroidir. Écrasez les biscuits roses de Reims. Posez sur chaque crème refroidie un litchi frais, saupoudrez de biscuit écrasé, du reste de pistaches hachées et servez.

> Conseil d'amie
Le sirop de litchi est en fait le sirop des litchis en conserve. Servez-vous des litchis appertisés pour faire des jus de fruits, en les mélangeant avec de la mangue et un peu de citron vert.

Les langoustines sucrées juste poêlées se marient parfaitement avec ce coulis de litchis délicat. Choisissez des fruits très frais, à la robe encore bien souple et de belle couleur rose sombre.

Langoustines sautées et coulis de litchis au vinaigre

POUR 4 PERSONNES
PRÉPARATION : 15 min
CUISSON : 4 min

- 10 litchis frais
- 4 cuill. à soupe d'huile d'olive
- 1 cuill. à soupe de vinaigre de miel
- la pointe d'un couteau de gingembre frais haché finement
- 16 langoustines crues ultra-fraîches
- sel et poivre du moulin

Pelez et dénoyautez les litchis au-dessus d'un saladier pour ne pas perdre le jus. Réservez 8 litchis, mixez les autres finement avec leur jus, 2 cuillerées à soupe d'huile d'olive, le vinaigre de miel, le gingembre, un peu de sel et de poivre.

Décortiquez, à cru, les queues des langoustines. Chauffez l'huile d'olive restante dans une poêle antiadhésive et faites sauter les langoustines pendant 4 minutes. Servez-les bien chaudes avec le coulis de litchis à part et quelques litchis frais.

> À propos de l'huile d'olive
L'huile d'olive est classée en trois catégories.
Fruité vert : l'huile est alors faite avec des olives récoltées en tout début de saison. Elle développe des parfums végétaux d'herbe, d'artichaut cru.
Fruité mûr : l'huile est alors fabriquée avec des olives à maturité. Elle est plus ronde et développe des arômes de fruits secs, d'agrumes, de camomille.
Fruité noir : l'huile est fabriquée avec des olives cueillies mûres et stockées quelques jours avant d'être pressées. On y trouve des arômes d'artichaut cuit, de champignon, de cacao.
Choisissez pour cette recette, de préférence, une huile d'olive fruité vert.

Le fruit de la Passion

Originaire du Brésil, le fruit de la Passion, appelé aussi « maracuja », est un drôle d'individu qui cache bien son jeu.

Issu d'une liane grimpante de la famille de la passiflore, ce fruit à l'enveloppe pourpre (lorsqu'il s'agit de la variété à fruits violets) ou kaki (lorsqu'il s'agit de la variété à fruits jaunes) et le plus souvent fripée lorsqu'il arrive à maturité, ne paye pas de mine. Il nous faut alors beaucoup d'imagination pour deviner ce qui s'y cache.

Ce n'est que lorsqu'on coupe en deux ce gros œuf à la forme chaotique que l'on comprend. Son parfum est enivrant, sa couleur jaune d'or étonnante, sa texture, faite de graines et d'un jus filandreux légèrement gélatineux, est totalement inattendue. Son parfum séduit instantanément et nous suffirait presque tant il est intense. Sa saveur est tellement concentrée qu'elle inonde le palais et devient aussitôt inoubliable. C'est certainement pour cette raison qu'il est ainsi nommé.

Ce maracuja intense et surprenant ne peut que déchaîner les passions…

Petites meringues et crème pâtissière aux fruits de la Passion

POUR 4 À 6 PERSONNES
PRÉPARATION : 30 min
CUISSON : 45 min
RÉFRIGÉRATION : 30 min

- 6 à 8 fruits de la Passion bien mûrs (30 cl de jus, pulpe et graines)
- 4 jaunes d'œuf
- 60 g de sucre semoule
- 20 g de fécule de maïs
- 10 cl de crème liquide

POUR LES MERINGUES
- 100 g de blancs d'œuf (environ 2 blancs)
- 200 g de sucre semoule
- 1/2 cuill. à café de vanille en poudre

Préparez la crème légère aux fruits de la Passion. Ouvrez les fruits de la Passion et récupérez leur pulpe, jus et graines à l'aide d'une petite cuillère. Portez le tout à ébullition.

Fouettez les jaunes d'œuf avec le sucre puis incorporez petit à petit la fécule de maïs. Ensuite versez le jus de fruit de la Passion chaud sans jamais cesser de remuer pour qu'il n'y ait pas de grumeaux. Faites cuire doucement ce mélange dans une casserole, en le fouettant sans cesse, pendant 5 minutes. Ensuite versez-le dans une jatte et continuez de le fouetter pour qu'il refroidisse complètement. Placez-le 30 minutes au réfrigérateur. Fouettez la crème liquide en chantilly. Incorporez-la à la crème pâtissière aux fruits de la Passion et réservez au réfrigérateur.

Préparez les meringues. Préchauffez le four à 100 °C (therm. 3). Veillez à ce qu'il n'y ait aucune trace de jaune dans les blancs d'œuf. Dans un cul-de-poule, réunissez les blancs, le sucre, et la vanille en poudre. Placez le cul-de-poule au bain-marie puis fouettez le mélange au batteur électrique jusqu'à ce qu'il épaississe et atteigne environ 55 °C (il doit être chaud mais supportable lorsque vous le touchez du bout des doigts). Ensuite, hors du feu, continuez de monter les blancs jusqu'à ce qu'ils soient froids et fermes. Placez alors la pâte à meringue dans une poche à douille munie d'une douille lisse ou cannelée. Déposez des petits choux sur une tôle couverte de papier sulfurisé. Enfournez et éteignez le four. Laissez au four pendant environ 30 minutes. Dès que les meringues ont durci, sortez-les et laissez-les refroidir.

Servez la crème légère aux fruits de la Passion avec ces petites meringues tendres et croquantes.

> Conseils d'amie
Pesez les blancs d'œuf qui, suivant leur calibre, sont plus ou moins lourds et ajoutez le double de leur poids exact de sucre.
Quelques gouttes de colorant alimentaire dans les blancs d'œuf donneront un air très british aux meringues.
Pas le temps de faire les meringues ? Demandez à votre pâtissier préféré de vous en vendre quelques-unes.

Un vrai cheesecake avec un petit grain de folie apporté par le parfum intense du fruit de la Passion.

Cheesecake aux fruits de la Passion

POUR 4 À 6 PERSONNES
PRÉPARATION : 15 min
CUISSON : 1 h 15

- 6 fruits de la Passion bien mûrs
- 600 g de carrés de fromage demi-sel
- 30 g de beurre
- 8 sablés bretons ou anglais
- 4 œufs
- 200 g de sucre en poudre
- 2 gousses de vanille
- 2 cuill. à café rases de fécule de maïs

Préchauffez le four à 210 °C (therm. 7). Ouvrez les fruits de la Passion et récupérez jus, pulpe et graines à l'aide d'une petite cuillère. Mélangez-les avec les carrés de fromage demi-sel pour obtenir une crème. Beurrez un cercle à pâtisserie avec 10 g de beurre et posez-le sur une tôle couverte de papier sulfurisé. Écrasez les sablés et mélangez-les avec 20 g de beurre mou. Ensuite tassez-les dans le fond du cercle.

Cassez les œufs en séparant les blancs des jaunes. Ajoutez dans le mélange aux fruits de la Passion le sucre en poudre, les graines des gousses de vanille fendues et grattées, les jaunes d'œuf et la fécule de maïs.

Fouettez les blancs en neige ferme puis incorporez-les délicatement à la préparation précédente. Versez dans le cercle et enfournez. Faites cuire le cheesecake pendant 10 minutes à 210 °C (therm. 7) puis baissez la température et poursuivez la cuisson pendant 1 h 05 à 150 °C (therm. 5). Lorsque le gâteau est cuit, laissez-le refroidir avant de le couvrir d'un film alimentaire et de le réserver dans un endroit frais.

Au moment de servir, posez le cheesecake sur une assiette, passez la lame d'un couteau tout autour, à l'intérieur du cercle et faites-le glisser pour le démouler. Servez nature ou accompagné d'un coulis de mangues.

> Conseil d'amie
Utilisez un cercle à pâtisserie de 16 cm de diamètre et 9 cm de hauteur plutôt qu'un moule car vous n'aurez pas besoin de démouler ce beau cheesecake, il vous suffira d'ôter le cercle.

Simple et diététique…

Yaourts gelés aux fruits de la Passion

POUR 4 PERSONNES
PRÉPARATION : 10 min
RÉFRIGÉRATION :
1 h minimum

- 6 fruits de la Passion bien mûrs
- 3 feuilles de gélatine
- 6 cuill. à soupe de sirop de canne roux ou de sirop d'érable
- 1 yaourt brassé bio de 500 g

Fendez en deux les fruits de la Passion puis récupérez la pulpe et les graines qui se trouvent à l'intérieur. Plongez les feuilles de gélatine dans l'eau froide pour les ramollir.

Versez le jus et les graines de fruit de la Passion dans une petite casserole, ajoutez le sirop de canne et portez à frémissements. Sortez les feuilles de gélatine assouplies de l'eau fraîche puis essorez-les entre vos mains et plongez-les dans le jus chaud. Elles y fondent instantanément.

Battez le yaourt à la fourchette puis incorporez le mélange aux fruits de la Passion et versez dans quatre grands pots de yaourt en verre ou dans quatre verres. Couvrez d'un film alimentaire et réservez au réfrigérateur.

Servez nature ou avec du chocolat noir râpé grossièrement.

Et aussi...

La rhubarbe

La rhubarbe n'est pas un fruit. Que fait-elle donc parmi toutes ces pommes, poires et autres framboises ? C'est que cette drôle de plante est entrée dans nos vies grâce aux bonnes tartes, délicieuses confitures et magnifiques compotées. Alors, tout naturellement, elle s'est glissée parmi les fruits et fait désormais partie de ces douceurs.

Pourtant on ne peut pas dire qu'elle soit séduisante. Elle pousse en grosses touffes au printemps dans les jardins et déploie de grandes feuilles gaufrées au bout d'un long pétiole filandreux et acide. L'hiver, elle disparaît complètement. Seules restent les confitures…

Cette plante étrange n'est pas totalement comestible, ses feuilles, pourtant généreuses et tentantes, sont toxiques, c'est pourquoi, vous ne trouverez sur les marchés que ses tiges vertes ou rosées. Il vous faudra les peler avec patience puis les couper en tronçons, les arroser de sucre et les cuire pour pouvoir enfin y goûter et comprendre pourquoi un verger sans rhubarbe n'est pas un véritable verger.

Pour ce crumble, choisissez des pommes douces qui équilibreront l'acidité de la rhubarbe.

Crumble pommes, rhubarbe et noix de coco

POUR 4 À 6 PERSONNES
PRÉPARATION : 15 min
CUISSON : 45 min

- 300 g de rhubarbe
- 75 g de cassonade
- 1 pincée de clou de girofle moulu
- 1/2 cuill. à café de gingembre en poudre
- 500 g de pommes

POUR LA PÂTE À CRUMBLE

- 100 g de beurre salé bien froid
- 100 g de farine
- 75 g de cassonade
- 50 g de noix de coco râpée

Lavez puis pelez la rhubarbe. Ensuite coupez-la en tronçons dans une casserole, ajoutez la cassonade, le girofle moulu et le gingembre. Portez doucement à ébullition et laissez frémir pendant 15 minutes.

Pendant ce temps, préchauffez le four à 210 °C (therm. 7) et préparez la pâte à crumble. Coupez le beurre bien froid en petits morceaux et mélangez-le rapidement avec la farine, la cassonade et la noix de coco râpée. Frottez rapidement le mélange entre vos mains pour obtenir un sable grossier. Réservez au réfrigérateur.

Pelez, épépinez, coupez les pommes en gros cubes puis mélangez-les avec la rhubarbe précuite. Versez dans un plat à gratin un peu creux. Couvrez de crumble et enfournez pour 30 minutes, jusqu'à ce que le crumble soit doré et croustillant.

Servez tiède ou froid.

> Conseil d'amie
Si la rhubarbe a rendu trop d'eau, égouttez-la avant de la mélanger avec les pommes. Ce sirop de rhubarbe épicé, dilué dans un peu d'eau, constitue une délicieuse boisson rafraîchissante.

Le dessert préféré de mon ami Lau qui s'en régale dès les premières tiges de rhubarbe poussées.

Soupe de rhubarbe aux fraises

POUR 4 PERSONNES
PRÉPARATION : 15 min
CUISSON : 20 min

- 20 cl de crème liquide
- 350 g de rhubarbe
- 200 g de cassonade
- 1 gousse de vanille
- 150 g de fraises
- 2 sachets de sucre vanillé

Placez les fouets du batteur et une jatte au congélateur. Gardez la crème liquide au réfrigérateur.

Pelez, lavez puis coupez la rhubarbe en tronçons. Mélangez-la avec la cassonade et la gousse de vanille fendue et grattée. Versez dans une casserole et portez doucement à ébullition. Ensuite laissez compoter la rhubarbe à feu doux pendant 20 minutes. Pendant ce temps, lavez, équeutez et coupez en deux les fraises. Lorsque la rhubarbe est cuite, versez-la dans un saladier puis ajoutez les fraises. Mélangez délicatement et laissez refroidir.

Versez la crème liquide dans la jatte bien froide (placée préalablement au congélateur) puis fouettez-la en chantilly en ajoutant petit à petit le sucre vanillé.

Servez la soupe de rhubarbe aux fraises dans des coupelles creuses et couvrez d'une généreuse cuillerée de crème Chantilly.

> Conseil d'amie
Si vous voulez « chic'quiser » ce dessert, servez-le dans de grands verres et couvrez-le de chantilly posée à la poche à douille munie d'une large douille cannelée. De bons shortbreads au gingembre achèveront de rendre ce dessert inoubliable.

Comme tout bon chutney, celui-ci escorte avec brio terrines et pâtés, foie gras et bon comté.

Chutney de rhubarbe aux épices

POUR 2 POTS DE CHUTNEY
PRÉPARATION : 15 min
CUISSON : 1 h
REPOS : 1 mois minimum

- 400 g de rhubarbe
- 200 g d'oignons
- 100 g de gros raisins secs
- 500 g de sucre roux
- 30 cl de vinaigre de miel
- 1/2 cuill. à café de quatre-épices
- 1/2 cuill. à café de clous de girofle
- 3 cm de gingembre frais
- 1/2 cuill. à café de piment d'Espelette

Lavez, pelez puis détaillez en tronçons d'environ 2 cm de long les tiges de rhubarbe. Pelez et émincez les oignons.

Dans une casserole à fond épais, réunissez tous les ingrédients prévus pour le chutney. Mélangez-les intimement puis portez doucement à frémissements. Faites ainsi cuire le chutney pendant 1 heure, jusqu'à ce qu'il devienne sirupeux et que l'eau de la rhubarbe se soit évaporée.

Versez-le alors dans des bocaux, couvrez et patientez 1 mois avant de le goûter.

> Pour parfumer
Pour les amateurs de sensations fortes, rajoutez un peu de piment antillais en cours de cuisson, ou, coupé en rondelles fines, au-dessus du chutney juste au moment de le servir.

La châtaigne

Difficile de parler d'un fruit sans penser à l'arbre qui le porte. Certains nous ravissent au printemps tant leurs fleurs délicates et fragiles sont sublimes. D'autres, plus imposants et plus robustes, se fondent parmi les arbres de la campagne sauvage et de la forêt pour n'apparaître véritablement qu'à la saison des fruits. Le châtaignier, cet arbre magnifique à la ramure impressionnante, fait partie de ceux-là.

Ses grappes de fleurs, au printemps, ont la couleur des maïs mûrs, mais c'est à l'automne surtout que son allure change, lorsqu'il se couvre de bogues épineuses d'un joli vert anis. C'est en octobre qu'à ses pieds le sol se couvre d'oursins végétaux, que l'on écrase vigoureusement du talon pour en libérer les châtaignes.

Ensuite, sur le chemin du retour, il est illusoire de résister à la tentation de croquer dans une châtaigne crue, astringente en diable. Tandis qu'à la maison, avec patience et délicatesse, on les pèle pour préparer une bonne confiture, un gâteau ou une farce pour la volaille. À moins qu'après les avoir fendues, on ne les grille dans la cheminée, dans cette poêle à trous rangée parmi le bois qui ne sert qu'à ça.

Pour Colette, Ardéchoise, la crème de châtaigne (ou de marron) est une tradition. Cueillette, épluchage, et confection de cette douceur, sont au rendez-vous dès septembre.

Crème de châtaigne de Colette

POUR 8 POTS
PRÉPARATION : 1 h 30
CUISSON : 30 à 40 min

- 2,5 kg de châtaignes (ou de marrons)
- 800 g de sucre par kilo de purée de châtaigne
- 25 cl d'eau par kilo de purée de châtaigne
- 1 gousse de vanille

Pelez les châtaignes puis faites-les cuire 30 minutes dans une grande casserole d'eau portée à ébullition. Ensuite, lorsqu'elles sont encore chaudes (c'est plus facile ainsi), ôtez leur seconde peau de la pointe d'un couteau d'office. Cette opération est fastidieuse et prend du temps. N'hésitez pas à demander de l'aide. À plusieurs, c'est plus sympathique et plus rapide.

Lorsque toutes les châtaignes sont épluchées, passez-les au moulin à légumes muni d'une grille fine. Pesez cette purée et versez le sucre et l'eau nécessaires. Mélangez bien la préparation, ajoutez la gousse de vanille fendue et portez à ébullition. Faites cuire cette compote de 30 à 40 minutes, à feu modéré, jusqu'à ce qu'elle soit confite.

Versez-la alors dans des pots à confiture munis de couvercles et couvrez à chaud. Colette précise qu'il faut retourner les pots, remplis et fermés, pour les stériliser.

> Conseil d'amie
Pour toutes celles et ceux qui adorent la crème de châtaigne mais n'ont ni le loisir ni le temps d'aller cueillir puis d'éplucher ces belles demoiselles, il existe des châtaignes surgelées de bonne qualité, déjà pelées… Vous n'aurez plus qu'à les cuire et les réduire en purée.

Difficile de résister à ce cake, dont Teddy Monceau, pâtissier talentueux, a la gentillesse de nous livrer le secret.

Cake marrons-coco de Teddy Monceau

POUR 4 PERSONNES
PRÉPARATION : 15 min
CUISSON : 40 min

- 55 g de farine de châtaigne bio
- 55 g de farine « classique »
- 3 g de levure chimique
- 60 g de marrons confits dans le sirop
- 60 g de beurre
- 1 œuf
- 120 g de sucre
- 60 g de crème fraîche liquide
- 50 g de noix de coco râpée
- 1 petite pincée de sel

POUR LE SIROP

- 4 cl de sirop de marron
- 2 cl d'eau
- 2 cl de rhum

Préchauffez le four à 210 °C (therm. 7). Tamisez les deux farines et la levure. Ensuite mélangez-les et ajoutez le sel. Égouttez les marrons, cassez-les en petits morceaux puis mettez-les dans le mélange de farine.

Faites fondre 40 g de beurre dans une petite casserole à feu doux. Pendant ce temps, au batteur électrique à vitesse maximum, fouettez l'œuf avec le sucre. Lorsque le beurre, après avoir fait de grosses bulles, devient mousseux (comptez environ 3 minutes de cuisson à feu doux), versez-le sur le mélange d'œufs sucrés sans cesser de fouetter. La pâte monte puis retombe, ajoutez alors la crème, fouettez toujours, mais à vitesse minimum, puis ajoutez le mélange farine, levure, sel et marrons confits.

Beurrez un moule à cake de 16 cm de longueur puis chemisez-le de noix de coco râpée. Versez la pâte et enfournez à 210 °C (therm. 7). Passé 10 minutes de cuisson, baissez la température du four et poursuivez pendant 30 minutes à 180 °C (therm. 6).

Préparez le sirop. Mélangez le sirop des marrons confits, l'eau et le rhum. Portez à ébullition 3 minutes puis laissez refroidir.

Lorsque le cake est cuit, laissez-le tiédir puis démoulez-le, posez-le sur un plat et imprégnez-le de sirop pendant qu'il est encore tiède. Saupoudrez-le de noix de coco râpée si le cœur vous en dit.

> Conseil d'amie
Choisissez une farine de châtaigne bio et très fraîche. Cette farine, plus que les autres, ne se conserve pas et doit être consommée dans l'année de sa fabrication. Sinon elle rancit.

C'est ce que Mamy Alice appelle « ma farce » et que nous lui réclamons chaque année pour les fêtes de Noël. Et qui n'a, en fait, jamais farci une volaille.

Méli-mélo de châtaignes et fruits secs

POUR 4 PERSONNES
PRÉPARATION : 10 min
CUISSON : 40 min

- 400 g de marrons en bocal (précuits à l'étouffée) ou sous vide
- 10 figues sèches
- 2 échalotes
- 1/2 bouquet de persil plat
- 30 g de beurre
- 150 g de chair à saucisse
- 150 g de gros raisins blonds secs
- un peu de noix de muscade râpée
- 10 cl de porto
- sel et poivre du moulin

Ouvrez le bocal de marrons précuits ou le sachet sous vide. Coupez les figues sèches en petits morceaux. Pelez puis hachez finement les échalotes. Lavez, séchez, effeuillez et hachez grossièrement le persil plat.

Faites légèrement dorer les échalotes dans le beurre avec la chair à saucisse émiettée pendant 5 minutes. Ensuite ajoutez les marrons, les raisins, les figues, la moitié du persil haché, la pointe de noix de muscade, le poivre et le sel. Mouillez avec le porto puis couvrez et laissez mijoter tranquillement 30 minutes. Rectifiez l'assaisonnement si nécessaire puis mélangez délicatement, pour ne pas briser les marrons, ajoutez le reste de persil plat et poursuivez la cuisson pendant 5 minutes.

Servez nature ou en accompagnement d'une volaille rôtie.

> Conseil d'amie
Ce mélange de fruits secs et de marrons peut aussi farcir une volaille. Ajoutez alors 2 foies de volaille et un peu de mie de pain de mie trempée dans du lait.

Les fruits secs

La vie d'un fruit pourrait être comparée à celle d'un homme. Jeune et immature, il a tout à apprendre du ciel et de la terre, se laissant tranquillement vivre sous le soleil. Il est alors assez ferme, parfois très vif et de petite taille. Ensuite il grandit et devient plus raisonnable, peaufinant son mûrissement, se chargeant en jus, sucres et parfums divers. Si sa courte vie a été rythmée par les rayons du soleil et l'attention délicate de celui qui l'élève, il est alors « à point » et se doit d'être cueilli. On se régale de le déguster dans l'instant et de savourer son plein épanouissement.

À moins qu'avec attention on ne le fasse sécher... Alors commence pour lui une troisième vie... Et s'il se fripe, perd de ses couleurs, c'est pour mieux se charger en glucides, potassium et oméga-3, développant ainsi des vertus indispensables à nos vies d'actifs souvent surmenés. C'est aussi pour nous offrir d'autres saveurs, plus fondues et plus concentrées...

Ces douceurs sont idéales à l'heure du thé.

Tartelettes sablées aux noix, pignons et miel

POUR 4 PERSONNES
PRÉPARATION : 15 min
CUISSON : 30 min

- 50 g de cerneaux de noix
- 20 g de beurre
- 20 g de farine
- 100 g de pâte sablée
- 1 gousse de vanille
- 10 cl de crème liquide
- 60 g de miel d'oranger
- 25 g de pignons

Concassez grossièrement les cerneaux de noix puis faites-les dorer à sec dans une poêle. Beurrez et farinez quatre moules à tartelette de 8 cm de diamètre, puis tapissez-les de pâte sablée. Piquez le fond de quelques coups de fourchette et réservez au réfrigérateur 30 minutes. Fendez et grattez la gousse de vanille. Mélangez ses graines avec la crème liquide.

Préchauffez le four à 180 °C (therm. 6). Posez sur chaque fond de tarte une feuille de papier sulfurisé puis des légumes secs. Enfournez les tartelettes et précuisez ainsi la pâte à blanc pendant 15 minutes. Ensuite ôtez les légumes secs et les feuilles de papier sulfurisé et laissez refroidir.

Portez à ébullition la crème liquide vanillée avec le miel d'oranger. Mélangez intimement puis, hors du feu, ajoutez les fruits secs. Garnissez chaque fond de tarte de ce mélange et enfournez. Faites cuire les tartelettes pendant 15 minutes, jusqu'à ce qu'elles soient dorées. Ensuite laissez-les refroidir avant de les démouler.

> Conseil d'amie
Ne gardez pas trop longtemps les cerneaux de noix car ils rancissent rapidement et donnent alors un mauvais goût à ces divines tartelettes.

Un gâteau riche mais ô combien délicieux, auquel il serait dommage de ne pas succomber.

Gâteau tiède aux dattes de notre amie australienne Janine Emsley

POUR 6 PERSONNES
PRÉPARATION : 15 min
CUISSON : 1 h

- 20 cl d'eau
- 200 g de dattes dénoyautées
- 1 cuill. à café de bicarbonate de soude
- 90 g de beurre mou
- 120 g de sucre semoule
- 160 g de farine
- 1/2 sachet de levure chimique
- 2 oeufs

POUR LA SAUCE AU BEURRE

- 100 g de beurre
- 100 g de sucre semoule
- 100 g de crème liquide

Portez à ébullition 20 cl d'eau avec les dattes dénoyautées. Laissez frémir 3 minutes puis, hors du feu, ajoutez la cuillerée à café de bicarbonate de soude. Laissez refroidir et mixez finement pour obtenir une consistance homogène.

Préchauffez le four à 180 °C (therm. 6). Travaillez 60 g de beurre mou (à température ambiante) avec le sucre pour obtenir une consistance crémeuse. Tamisez la farine avec la levure. Fouettez les œufs en omelette puis incorporez-les au beurre sucré. Ensuite ajoutez petit à petit la farine et la levure, en veillant à ne pas faire de grumeaux, puis les dattes mixées. Beurrez un moule à manqué de 20 cm de diamètre. Tapissez-le de papier sulfurisé puis versez-y la pâte à gâteau. Enfournez pour 55 minutes.

Pendant ce temps, préparez la sauce au beurre. Travaillez le beurre avec le sucre et la crème liquide. Versez ce mélange dans une casserole et portez-le à frémissements 3 minutes pour que le sucre fonde totalement. Réservez au chaud, dans un bain-marie par exemple.

Lorsque le gâteau est cuit, sortez-le du four, patientez 10 minutes puis arrosez-le de 25 cl de sauce au beurre et remettez-le au four pendant 5 minutes. Servez tiède, avec le reste de sauce également tiède à part.

> Conseil d'amie
Bien que ce gâteau se déguste tiède, rien ne vous empêche de le préparer la veille et de le réchauffer au micro-ondes, juste au moment de le servir.

Un bon chocolat fort en cacao, des fruits secs de qualité, et vos mendiants seront aussi bons que ceux de votre chocolatier...

Mendiants aux fruits secs

POUR 2 DOUZAINES DE MENDIANTS
PRÉPARATION : 20 min
CUISSON : 5 à 10 min

- 24 amandes mondées
- 30 g de gingembre confit (ou 300 g d'écorces d'agrumes confites très tendres)
- 24 noisettes mondées
- 24 pignons
- 250 g de chocolat noir amer
- 24 pistaches vertes non salées
- 24 cristaux de fleur de sel

Coupez les amandes en deux. Détaillez le gingembre confit en vingt-quatre morceaux. Grillez à sec, dans une poêle, les amandes, les noisettes et les pignons puis laissez-les refroidir.

Râpez grossièrement le chocolat au couteau puis placez-le dans une petite casserole et faites-le fondre au bain-marie de 5 à 10 minutes. Tendez deux épaisseurs de film alimentaire sur un petit plateau ou un grand plat rectangulaire. Lorsque le chocolat a fondu, mélangez-le délicatement et rapidement puis laissez-le refroidir 5 minutes pour qu'il ne soit pas trop fluide.

Versez ensuite 24 petits palets de chocolat fondu sur le film alimentaire. Espacez suffisamment ces palets car ils continuent de s'étaler tant que le chocolat n'a pas figé, pour former des palets d'environ 3 cm de diamètre. Posez sur chacun d'eux, dans le chocolat encore souple, un assortiment de fruits secs, un petit cube de gingembre confit et un peu de fleur de sel.

Placez le plat au réfrigérateur et laissez durcir les mendiants pendant 10 minutes. Ensuite décollez-les délicatement à la spatule et gardez-les au frais jusqu'au moment de les servir.

> Conseil d'amie
Ne préparez pas ces jolis mendiants plus de 2 jours à l'avance, car si, certes, ils se conservent assez bien, leur aspect change. En effet, comme le chocolat n'est pas tempéré (c'est-à-dire travaillé à une température précise), le beurre de cacao a tendance à refaire surface rapidement, laissant des traces blanches qui ne sont pas du plus bel effet.

Les Marocains préparent ce doux breuvage avec des amandes fraîches. Choisissez des amandes sèches de très bonne qualité, non mondées, elles sont en général plus savoureuses.

Lait d'amande

POUR 4 PERSONNES
PRÉPARATION : 10 min
CUISSON : 10 min

- 250 g d'amandes entières
- 75 cl de lait entier pasteurisé
- 45 g de sucre vanillé (6 sachets)

Faites cuire les amandes 10 minutes dans de l'eau bouillante puis pelez-les et mixez-les finement pendant 5 minutes, avec le lait et le sucre vanillé.

Filtrez ce lait d'amande, pressez bien les amandes dans le tamis pour en extraire tout le lait. Prélevez 2 cuillerées à soupe d'amandes pressées, mélangez-les avec le lait recueilli puis mixez à nouveau ce mélange pour qu'il devienne mousseux.

Servez très frais.

> Conseil d'amie
Pour renforcer la saveur de l'amande, ajoutez dans le lait quelques gouttes d'extrait d'amande amère. Et pour parfumer encore davantage cette boisson voluptueuse, versez quelques gouttes d'une bonne eau de fleur d'oranger ou de rose.

Croustillant, parfumé et appétissant.
Que demander de plus à un dessert ?

Baklava aux fruits d'automne, noisettes, pignons et beurre salé

POUR 4 PERSONNES
PRÉPARATION : 20 min
CUISSON : 55 min

- 125 g de poudre de noisette
- 50 g de pignons
- 100 g de beurre salé
- 6 cuill. à soupe de miel d'acacia
- 2 cuill. à soupe d'eau de fleur d'oranger
- 2 belles pommes acidulées
- 1 belle poire
- 3 cuill. à soupe de sucre roux
- 2 cuill. à soupe de cannelle en poudre
- 12 feuilles de pâte filo

Grillez à sec dans une poêle la poudre de noisette pendant 3 minutes. Ensuite versez-la dans une assiette pour qu'elle refroidisse. Recommencez la même opération avec les pignons puis hachez-les grossièrement. Faites fondre doucement le beurre salé pendant 3 minutes. Mélangez le miel et l'eau de fleur d'oranger. Pelez, épépinez puis détaillez en fins quartiers les pommes et la poire. Ensuite saupoudrez-les de sucre roux et de cannelle.

Préchauffez le four à 210 °C (therm. 7). Coupez les feuilles de pâte filo à la taille d'un plat à gratin d'environ 21 cm sur 16 cm puis badigeonnez-les généreusement de beurre fondu. Posez dans le fond du plat 3 feuilles de pâte filo les unes sur les autres. Ajoutez une partie de la poudre de noisette grillée, des fruits à la cannelle et un peu de beurre fondu. Posez à nouveau 3 feuilles de pâte filo beurrées, puis de la poudre de noisette, des pommes, la moitié des pignons et du beurre. Enfin, terminez par 6 feuilles de pâte filo beurrées.

Incisez de la pointe d'un couteau les dernières feuilles pour les prédécouper et dessiner un large quadrillage. Arrosez de beurre fondu, de la moitié du miel à l'eau de fleur d'oranger et parsemez des pignons restants.

Enfournez pour 45 minutes, jusqu'à ce que le baklava soit croustillant et doré. Une fois sorti, lorsqu'il est encore chaud, arrosez-le du reste de miel à l'eau de fleur d'oranger. Servez tiède.

> Conseil d'amie
Vous trouverez la pâte filo roulée en sachet, dans les rayon frais des supermarchés, au même endroit que les feuilles de brick. Elle se conserve longtemps au réfrigérateur, à condition de la garder enfermée dans son sachet, pour qu'elle reste bien souple.

Mais aussi noix du Brésil, cacahuètes, noix de macadamia...
Tous les fruits secs que vous aimez seront délicieux, salés, grillés et épicés.

Amandes, noisettes, noix de cajou, salées et épicées « maison »

POUR 4 PERSONNES
PRÉPARATION : 5 min
CUISSON : 10 à 15 min

- 1 blanc d'oeuf
- 60 g de noisettes non salées
- 60 g de noix de cajou non salées
- 60 g d'amandes non salées
- 1/2 cuill. à café de piment d'Espelette
- 1/2 cuill. à café de quatre-épices
- 1/2 cuill. à café de fleur de sel

Préchauffez le four à 210 °C (therm. 7).

Fouettez le blanc d'œuf pendant quelques minutes pour qu'il s'émulsionne et blanchisse. Ensuite enrobez les fruits secs d'une fine pellicule de blanc d'œuf battu puis saupoudrez-les de piment d'Espelette, de quatre-épices et de sel.

Posez-les sur une tôle couverte d'une feuille de papier sulfurisé et faites-les cuire de 10 à 15 minutes, jusqu'à ce qu'ils soient bien dorés.

Laissez-les ensuite refroidir avant de les réserver dans une boîte fermant hermétiquement.

> Conseil d'amie
Variez les plaisirs et changez les épices. Graines de coriandre, cumin, carvi, gingembre en poudre, anis sont tout aussi délicieux.

Ces pestos sont, bien sûr, parfaits avec les pâtes, fraîches ou sèches, mais accompagnent aussi délicieusement un fromage de chèvre frais ou un morceau de feta, relèvent une vinaigrette, parfument une soupe ou un plat de légumes.

Pestos divers et variés...

POUR 1 POT DE 250 G PAR PESTO
PRÉPARATION : 15 min par pesto

- 1 ou 2 gousses d'ail
- 40 g de parmesan fraîchement râpé
- 15 cl d'huile d'olive extra-vierge
- 1 cuill. à café rase de gros sel de mer

POUR LE PESTO AUX PIGNONS ET AU BASILIC
- 50 g de pignons
- 1 gros bouquet de basilic

POUR LE PESTO AUX NOIX ET AU BASILIC
- 50 g de noix
- 1 gros bouquet de basilic

POUR LE PESTO AUX NOISETTES ET À LA ROQUETTE
- 50 g de noisettes
- 1 belle poignée de roquette

POUR LE PESTO AUX AMANDES ET À LA CORIANDRE
- 50 g d'amandes
- 1 gros bouquet de coriandre

Préparez le pesto aux pignons et au basilic. Lavez, séchez et effeuillez le bouquet de basilic. Pelez et dégermez la ou les gousses d'ail. Dans un mortier, écrasez au pilon le gros sel avec l'ail et les feuilles de basilic. Ensuite ajoutez les pignons, puis le parmesan et continuez de piler jusqu'à ce que vous obteniez une texture homogène.
Versez alors l'huile d'olive en filet, sans cesser de tourner la pâte avec le pilon et montez le pesto.

Procédez de la même manière pour le pesto aux noix et au basilic.

Pour le pesto aux noisettes et à la roquette, hachez grossièrement les noisettes et la roquette avant de les piler.

Pour le pesto aux amandes et à la coriandre, hachez grossièrement les amandes avant de les piler.

> Conseil d'amie
Ces pestos se conservent 1 semaine au réfrigérateur, dans un bocal fermé, à condition de les couvrir d'huile d'olive.

Le meilleur des fruits

Bien que l'on trouve pratiquement tous les fruits tout au long de l'année, ces indications vous permettront de les choisir quand ils sont les meillleurs.

	J	F	M	A	M	J	J	A	S	O	N	D	
Abricot					●	●	●						Choisissez-le à point, car ils ne mûrit plus une fois cueilli. Conservez-le au frais mais pas au réfrigérateur.
Ananas	●	●									●	●	Il doit dégager une odeur franche et légère, et avoir un plumet bien frais et de belle couleur.
Banane	●	●								●	●	●	Prenez-la d'un beau jaune soutenu uni.
Brugnon et nectarine						●	●	●	●				Ils doivent être souples, bien parfumés, avec une peau lisse et sans tâches.
Cassis						●	●	●					Choisissez les baies bien fermes, avec une peau brillante.
Cerise						●							La queue doit être verte, solidement attachée, sans aucun signe de dessèchement.
Châtaigne et marron	●	●								●	●	●	Choisissez-les bien lourds et très durs.
Citron	●	●	●	●	●	●	●	●	●	●	●	●	Choisissez-le de préférence non traité, d'un beau jaune uniforme, à l'écorce fine si c'est pour son jus, un peu plus épaisse si c'est pour le zeste.
Clémentine et mandarine	●	●								●	●	●	Choisissez-les fermes et bien brillantes.
Coing										●	●	●	Prenez-le bien ferme et intact, quand sa peau est jaune, avec un fin duvet.
Figue								●	●	●			Choississez-la non tachée et un peu souple au toucher.
Fraise					●	●	●	●	●	●			Prenez-la rouge, brillante, sans taches, bien ferme et odorante.
Fraise des bois						●	●	●	●				Elle doit être rouge foncé, ferme et très parfumée.
Framboise						●	●	●	●	●			Elle ne mûrit plus après la cueillette, choisissez-la donc d'un rose profond et bien ferme.
Fruit de la Passion	●	●	●	●	●	●	●	●	●	●	●	●	Il doit être odorant, lourd en main, avec une peau fripée, mais pas desséchée.
Groseille						●	●	●					Choisissez-les translucides et claires, d'une belle couleur franche, fermes et très brillantes.
Kiwi	●	●	●	●	●	●	●	●	●	●	●	●	Il doit être un peu souple.
Litchi	●	●									●	●	Choissez-les bien colorés et à l'écorce souple.

	J	F	M	A	M	J	J	A	S	O	N	D	
Mangue	●	●	●	●	●	●	●	●	●	●	●	●	Ne la prenez pas trop mûre. Elle doit être souple au toucher et dégager une odeur agréable.
Melon						●	●	●	●				Choisissez-le odorant, lourd et avec une consistance bien ferme.
Mûre								●	●				La mûre du mûrier est plus sucrée mais moins parfumée que la mûre sauvage. Le plumet de feuilles ne doit pas être fané.
Myrtille							●	●	●				Elle doit être d'un beau beau bleu foncé, ferme et mâte.
Noix de coco	●	●									●	●	Si en la secouant, vous entendez le bruit de l'eau de coco, c'est signe de fraîcheur.
Orange	●	●	●	●	●	●	●	●	●	●	●	●	Choisissez-la à peau lisse et bien ferme.
Pamplemousse	●	●	●	●						●	●	●	Il doit être ferme, lourd, avec une peau brillante adhérant bien à la chair.
Pastèque						●	●	●					Choisissez-la lourde, d'aspect cireux et brillante. Elle ne doit pas sonner creux, lorsque l'on tapote son écorce.
Pêche					●	●	●	●	●				Elle doit être souple, duveteuse, et sans taches.
Poire								●	●	●	●	●	Ne la choisissez pas trop mûre, et gardez-la, avec soin, à température ambiante, pour qu'elle soit à point.
Pomme	●	●	●	●	●	●	●	●	●	●	●	●	La peau doit-être lisse, sans meurtrissures, et le pédoncule bien vert.
Prune							●	●	●				Choisissez-la bien mûre, ferme, et sans taches.
Raisin								●	●	●	●		Les grains doivent être mûrs mais encore très fermes, et bien attachés à une tige encore verte.
Rhubarbe					●	●	●	●	●	●			Les tiges sont mûres lorsqu'elles se teintent de rouge. Elles doivent être bien raides.

DES PANIERS DE FRUITS… PAR ABONNEMENT OU SUR INTERNET

Il existe, depuis quelques années, de nouvelles façons de se procurer des fruits et légumes (ou d'autres produits frais), partout en France : les sites d'achat en ligne sur Internet ou l'abonnement à une ferme locale membre de l'Amap (Association pour le maintien d'une agriculture paysanne).

Au-delà des modes et du cliché citadin, ces distributeurs locaux ont plusieurs vocations : la défense de prix raisonnables car ils s'opposent clairement à la vente en masse des supermarchés ; la promotion de l'agriculture locale selon les principes de commerce équitable de proximité ; le respect d'une éthique écologique et biologique par la qualité du produit et le respect des cultures et des saisons ; l'évolution sociologique en installant de nouvelles habitudes de consommation.

Chaque distributeur propose un large éventail de produits frais, parfois bio, à choisir ou des assortiments tout prêts. Les paniers sont livrés soit à domicile, soit dans des relais partenaires ; ils sont accompagnés de recettes et de conseils pour les cuisiner.

TABLEAU INDICATIF DE CUISSON										
Thermostat	1	2	3	4	5	6	7	8	9	10
Température	30 °C	60 °C	90 °C	120 °C	150 °C	180 °C	210 °C	240 °C	270 °C	300 °C
Ces indications sont valables pour un four électrique traditionnel. Pour les fours à gaz ou électriques à chaleur tournante, reportez-vous à la notice du fabricant.										

TABLE DES ÉQUIVALENCES FRANCE – CANADA									
Poids	55 g	100 g	150 g	200 g	250 g	300 g	500 g	750 g	1 kg
	2 onces	3,5 onces	5 onces	7 onces	9 onces	11 onces	18 onces	27 onces	36 onces
Ces équivalences permettent de calculer le poids à quelques grammes près (en réalité, 1 once = 28 g).									

Capacités	5 cl	10 cl	15 cl	20 cl	25 cl	50 cl	75 cl
	2 onces	3,5 onces	5 onces	7 onces	9 onces	17 onces	26 onces
Pour faciliter la mesure des capacités, une tasse équivaut ici à 25 cl (en réalité, 1 tasse = 8 onces = 23 cl).							

CAPACITÉS ET CONTENANCES		
Capacités		**Poids**
1 cuill. à café	0,5 cl	3 g de fécule / 5 g de sel fin ou de sucre en poudre
1 cuill. à dessert	1 cl	
1 cuill. à soupe	1,5 cl	5 g de fromage râpé / 8 g de cacao en poudre, de café ou de chapelure / 12 g de farine, de riz, de semoule, de crème fraîche ou d'huile / 15 g de sel fin, de sucre en poudre ou de beurre
1 tasse à café	10 cl	
1 tasse à thé	de 12 à 15 cl	
1 bol	35 cl	225 g de farine / 260 g de cacao en poudre ou de raisins secs / 300 g de riz / 320 g de sucre en poudre
1 verre à liqueur	de 2,5 à 3 cl	
1 verre à bordeaux	de 10 à 12 cl	
1 grand verre à eau	25 cl	150 g de farine / 170 g de cacao en poudre / 190 g de semoule / 200 g de riz / 220 g de sucre en poudre
1 bouteille de vin	75 cl	

Photogravure Nord Compo, Villeneuve-d'Ascq
Imprimé en Espagne par Graficas Estella, Estella
Dépôt légal : avril 2009
302514/01-11007894 mars 2009